Biblioteca de Derecho
Financiero y Tributario

José Andrés Rozas Valdés
(Director)

Carlos Antonio Agurto Gonzáles
Sonia Lidia Quequejana Mamani
Catherine Margaret Navarro Acosta
(Coordinadores Generales)

Cristiano Carvalho
Libre docente en Derecho Tributario por la Universidad de São Paulo
Maestría y Doctorado en Derecho Tributario por la Pontificia Universidad Católica de São Paulo
Posdoctorado en Derecho y Economía en la Berkeley Law School, University of California
Vice-presidente del International Tax Law Committee de la American Bar Association
Presidente de la Academia Tributaria de las Américas - ATA
Abogado tributarista en Brasil

El análisis económico del derecho tributario

Traducción de

Juan Carlos Panez Solórzano

Ediciones Olejnik

Título: El análisis económico del derecho Tributario

Reimpresión 2019

© Ediciones Olejnik
Huérfanos 611, Santiago-Chile
E-mail: contacto@edicionesolejnik.com
Web site: http://www.edicionesolejnik.com

ISBN: 978-956-392-374-2

Diseño de Carátula: Ena Zúñiga

Diagramación: Luis A. Sierra Cárdenas

Impreso en Argentina 2019 Printed in Argentina

Dedico este libro a mis padres,
Leila y Francisco.

Agradecimientos

A María Eduarda, mi amor, por la inspiración y compañerismo.

Al Maestro Paulo de Barros Carvalho, por las constantes e inestimables enseñanzas.

Al profesor Alfredo Bullard, por la convivencia enriquecedora en los forúms y eventos de Análisis Económico del Derecho desarrollados en el exterior.

A Juan Carlos Panez Solórzano y Zain Cabrera Pepe, por la excelente traducción de esta obra al idioma español.

Índice General

Prólogo
La Leyenda de Robin Hood: 1
Introducción 9

Capítulo 1

Derecho y Economía o Análisis Económico del Derecho

1. Orígenes del Análisis Económico del Derecho 11
2. ¿Qué es el Análisis Económico del Derecho y por qué es importante? 14
3. Algunos conceptos fundamentales 17
A) Elección Racional 17
B) consecuencias 18
C) Equilibrio 20
D) Eficiencia 20
   3.1. Las externalidades 22
4. El Análisis Económico Positivo y Análisis Económico Normativo: lege data y lege ferenda 23
5. Lo que el Análisis Económico aplicado al Derecho tributario no es 25

Capítulo 2

Aplicaciones en el Derecho Tributario

1. ¿Por qué y para qué existen tributos? 27

2. Extrafiscalidad 30
3. Beneficios y subsidios fiscales 34
4. El tributo “óptimo” 36
A) Base grande de contribuyentes 37
B) Reglas simples y objetivas 39
C) Incidir sobre productos y servicios de demanda inelástica 40
D) Que sea justo (no viole la isonomía) 40
E) Tener bajo costo administrativo 41
5. Consideraciones acerca de la tributación, de la justicia y de la eficiencia 42
6. Una cuestión de principio 46
6.1. Elecciones y renuncias 50
6.2. Las externalidades 51
6.3. Deberes instrumentales y formales, costos de conformidad y principio de no confiscatoriedad 53
6.4. Deberes instrumentales, sanciones políticas y el principio de la libre iniciativa 56
7. Elecciones estratégicas: la teoría de los juegos 59
7.1. Dilema del prisionero y el equilibrio Nash 61
7.2. Otros juegos clásicos: caza del ciervo y el juego del cobarde 65
7.3. Juegos dinámicos 69
7.4. Forma extensiva 73
Consideraciones finales 75

CAPÍTULO 3

SANCIONES TRIBUTARIAS

UNA VISIÓN ESTRUCTURALISTA Y FUNCIONALISTA DEL DERECHO

Introducción 77

1. Derecho y Sanción 79
2. Reglas Dispositivas, Reglas Sancionadoras y su Estructura Lógica 80
3. Sanciones Punitivas y Sanciones Premiales 86
4. Racionalidad, Tributo y Sanción 88
5. Cálculo Racional y la Eficacia de las Sanciones Tributarias 94
6. Sanciones Tributarias, Proporcionalidad y Confiscatoriedad 97
Conclusiones 101

REFERENCIAS BIBLIOGRÁFICAS 103

Prólogo

LA LEYENDA DE ROBIN HOOD:

Hace algunos años, en una entrevista, se le preguntó al jefe de la Sunat -la Superintendencia de Administración Tributaria del Perú, ente encargado de la recaudación tributaria- cuál era el personaje con el que más se identificaba. Su respuesta fue la siguiente: *con Robin Hood.*

Su elección tenía una relación clara con lo que consideraba su función (o, por lo menos, con la que creía era su función), es decir quitarle dinero a los ricos para dárselo a los pobres.

Siempre creí (y lo he dicho antes) que el hecho de que el jefe de la administración tributaria admirara a Robin Hood era una contradicción en términos. En realidad, el enemigo de Robin Hood nunca fueron los ricos en el sentido en el que el jefe de la Sunat lo interpretaba. Su enemigo fue el Estado, y en particular, el recaudador de impuestos. Robin Hood se reveló contra el sistema tributario. Su archienemigo, además de Juan Sin Tierra, fue el sheriff de Nottingham, precisamente el equivalente en ese tiempo de lo que hoy sería el jefe de la Sunat. En otras palabras, el enemigo era todo aquel que se enriquecía por intermedio del Estado, incluyendo al Estado mismo.

Si bien Robin Hood fue una leyenda cuya existencia histórica no ha sido demostrada, refleja la realidad del conflicto entre el Estado, ambicioso y hambriento de impuestos para cubrir un casi siempre excesivo e ineficiente gasto público, y los derechos de los ciudadanos que veían su patrimonio y el fruto de su trabajo amenazado por el apetito de recaudar más. No nos sorprende que el Estado pueda mostrar cifras "positivas" del aumento de la recaudación y no tan positivas de la mejora en la calidad del gasto.

Si usted es de esos que siempre ha visto a Robin Hood como un socialista romántico, encargado de ejecutar por mano propia la justicia social, un auténtico paladín de la lucha de clases, lamento desilusionarlo. Robin Hood fue un paladín del antiestatismo, de la arbitrariedad de los tributos y enemigo del falso discurso que trata de convencernos de que todo impuesto es bueno porque contribuye al desarrollo y a la justicia social. En su historia, asaltaba a los beneficiarios de los impuestos arbitrarios para devolvérselos a los contribuyentes. Los ricos eran los burócratas y los mercantilistas cuya riqueza provenía del aprovechamiento del Estado, y los pobres no eran otros que los contribuyentes (terratenientes y agricultores) esquilmados por los impuestos.

La más reciente película sobre Robin Hood, dirigida por Ridley Scott, representa la interpretación que considero correcta de la leyenda. En esta versión, Juan Sin Tierra, representante del Estado, nos muestra el despilfarro y el gasto público sin sentido. El sheriff de Nottingham representa al Superintendente de la Administración Tributaria, convertido en el brazo que esquilma y despoja (roba) a los privados de lo que es legítimamente suyo, y a un Robin Hood que busca, en su lucha, la justicia de la defensa de lo privado sobre lo público.

Robin Hood, mostrado en esta faceta, no aparece como menos romántico ni luchando por una causa menos justa que su par socialista. Todo lo contrario. Lucha contra la tiranía tributaria, plantea un marco institucional y legal que limite la arbitrariedad con la que se crean y se cobran los impuestos, exigiendo una asamblea, que históricamente, sería creada con la firma de la Carta Magna en Inglaterra y en la que justamente se limitó el poder del monarca para crear impuestos y le dio dicha facultad al parlamento, en lo que constituye el nacimiento del Constitucionalismo Moderno. Era en ese parlamento en el que estaban justamente los representantes de los contribuyentes, con capacidad para limitar la arbitrariedad. La lucha contra la tiranía se centró en combatir la tiranía tributaria. Así, las primeras constituciones tuvieron como eje central el derecho a solo pagar impuestos justos.

Para quienes crean que mi interpretación de Robin Hood y sobre todo del Estado y de la Sunat como Juan Sin Tierra y el sheriff de Nottingham, respectivamente, es una exageración, quisiera invitarlos a reflexionar. En nuestra región tenemos un Estado sobredimensionado y burocratizado, con oficinas públicas y ministerios llenos de trámites sin sentido, donde yace postergada hasta la eternidad una reforma del Estado que racionalice el uso de los recursos. Cuando el Estado enfrenta los desbalances fiscales que su carácter elefantiásico genera, no reduce el gasto, sino aumenta los impuestos. Se felicita públicamente de haber aumentado el porcentaje del PBI que puede recaudar mediante impuestos, pero no se cuestiona el ser un ente ineficiente y corrupto.

En pocas palabras, el Estado es como un alcohólico, que bebe con dinero ajeno, y cuando no le alcanza, crea impuestos para comprar más alcohol. Esa es su facultad y esa es nuestra desgracia. Su capacidad casi infinita para crear impuestos hace que nunca enfrente su alcoholismo. Finalmente ¿por qué racionalizar y moderar su forma de vida, si la ley le ha dado la capacidad para tomar el dinero ajeno y así cubrir sus gastos? Tan solo le basta meter su mano en nuestra billetera para cubrir sus vicios. La creación de impuestos en un contexto de gasto público desordenado e irracional es un acto de indecencia, parecido a los banquetes de Juan Sin Tierra y su Corte, en el que el despilfarro y la sinrazón son financiados con el dinero de los ciudadanos.

¿Cuánto le cuesta al sector privado cumplir con toda esa maraña de requisitos y trámites? ¿Cuánta eficiencia pierde la economía forzando al sector privado a trasladar recursos que podrían gastarse de manera eficiente y productiva a un aparato que gasta de manera absurda y despilfarradora? ¿Cuánta eficiencia se pierde forzando a las empresas y a los ciudadanos a hacer malabarismo para cumplir con leyes pensadas tan solo para hacernos la vida complicada y facilitársela a la administración tributaria?

En todo esto hay una ética invertida, una ética travesti, en la que si el ladrón se viste de justiciero la víctima de indecente cuando se resiste al asalto. Para quien ha enfrentado a un auditor tributario, no podrá negar su similitud con el sheriff de Nottingham. Entra a nuestra casa, mira debajo de la mesa o del colchón para encontrar nuestro dinero, sonríe cuando lo encuentra, nos clava una mirada de reprimenda y luego nos azota públicamente con multas, sanciones y clausura de establecimiento como si nosotros fuéramos los pecadores y él el redentor de nuestros pecados. Y hemos perdido tanto la perspectiva que hasta nos avergonzamos de siquiera sugerir que los impuestos que nos cobran son confiscatorios o antitécnicos.

Algunos dirán que los impuestos son necesarios. No lo niego. Pero impuestos razonables basados en un gasto también razonable. Solamente la calidad de los servicios estatales justifica que paguemos impuestos, y tan solo en la exacta cantidad para cubrir dichos gastos.

El libro que prologamos es, quizás con un lenguaje menos confrontacional y con una aproximación más técnica, una puerta para entender la leyenda de Robin Hood en el Derecho Tributario. Cristiano Carvalho ha elegido como lenguaje para descifrar el mito de lo tributario al Análisis Económico del Derecho, herramienta que cultiva y que usa, en especial en este caso, con una especial habilidad.

Toda leyenda tiene una base real, pero usa un lenguaje mítico, exagerado, y como tal, impreciso. Sospecho que el discurso público, el Derecho Tributario, usa un lenguaje parecido, en el que alguien que no paga impuestos es un traidor, una suerte de enemigo social. El recaudador tributario aparece en la publicidad que el Estado coloca en la televisión para fomentar la llamada conciencia tributaria, al lado de la construcción de hospitales o carreteras y mejoras en el bienestar social, como si nuestros impuestos fueran automáticamente a financiar esas obras, y solo esas obras.

Los investigadores de mitos ayudan a descifrar lo real tras la leyenda. Dejan de lado el lenguaje mitológico y aterrizan en la historia real. La frase "tomar de los ricos para dar a los pobres" en la historia de Robin Hood se convierte entonces en "tomar de los que se enriquecen de nuestros impuestos para regresarlo a los pobres contribuyentes". La última frase no suena tan bien, pero describe mejor la realidad.

Por supuesto que Cristiano Carvalho no plantea desaparecer el Derecho Tributario (dicho sea de paso el autor de este prólogo tampoco), sino ponerlo en perspectiva de realismo. Nos plantea entender sus alcances y sus problemas. Y en eso el Análisis Económico del Derecho actúa como una máquina de rayos X que permite descubrir su estructura y dónde radican sus problemas y tumores.

En eso este libro cumple dos objetivos. Uno es un beneficio colateral de la meta principal del autor. La meta principal de Cristiano es mostrarnos una forma distinta de entender el Derecho Tributario, pero al hacerlo nos ofrece una completa introducción (muy bien escrita y sencilla de entender) al Análisis Económico mismo. Por eso este libro merece estar no solo en los estantes de las bibliotecas de los tributaristas, sino también de los interesados en el Análisis Económico del Derecho, por más que su único contacto con el Derecho Tributario sea su declaración anual de Impuesto a la Renta.

La correcta comprensión de la economía como una ciencia que estudia las opciones de los individuos y los incentivos que explican la conducta humana, le dan al libro un aterrizaje concreto y esclarecedor. Finalmente, los tributos, como todo en el Derecho, son relevantes por la forma como influyen en cómo nos comportamos y en cómo vivimos. Como acertadamente dice Cristiano citando a Holmes, son un camino para construir la civilización, y por tanto no son un camino para crear muchos de los esperpentos estatistas que se construyen con la recaudación.

El Análisis Económico ayuda a entender los "pesos muertos" de los impuestos y de los subsidios, y así comprender que la imagen que uno ve en las publicidades sobre los beneficios de la recaudación tributaria están tan incompletas como la visión de

Robin Hood como un romántico socialista. Tan solo en la comprensión adecuada de sus funciones, límites y consecuencias uno puede enrumbarse en la creación de un sistema tributario óptimo que, efectivamente, sirva para construir civilización y no para destruirla.

El libro tiene algunas virtudes adicionales que muestran el aporte de Cristiano Carvalho. Cada día aprecio más la simplicidad en lo académico. Y simplicidad no significa poca sofisticación. Estoy convencido que para ser simple y comprensible hay que ser sofisticado. El arte de hacer de lo complejo algo fácil de entender es la piedra de toque que convierte lo académico de ciencia esotérica en ciencia útil y práctica. Ello garantiza que el trabajo de Cristiano tendrá impacto y ayudará a los no tributaristas y, más importante aún, a los tributaristas a entender el Derecho Tributario.

En una oportunidad escuché a Richard Posner, el célebre académico y juez norteamericano y una de las figuras más importantes del Análisis Económico del Derecho, decir que si se le quitara diez puntos del coeficiente intelectual a todos los tributaristas, el Producto Bruto Interno de cualquier país aumentaría. Su explicación era muy sencilla. Las discusiones entre los tributaristas contratados por las autoridades tributarias y los contratados por las empresas para intentar pagar menos impuestos constituye un juego de suma cero. Los tributaristas del Estado crean impuestos y formas de cobrarlos. Los abogados de las empresas responden con estrategias e interpretaciones que permiten pagar menos impuestos. La respuesta de los tributaristas estatales son nuevas reglas y mecanismos para pagar más impuestos que son a su vez respondidos por los abogados privados con nuevas estrategias e interpretaciones dirigidas a pagar menos impuestos.

Este juego no termina nunca y genera un círculo vicioso de "tira y afloja" eterno, que no crea ninguna riqueza ni beneficio a la sociedad. Tan solo genera un efecto distributivo entre cuánto dinero se va para las arcas del Estado y cuánto se queda en el bolsillo de los contribuyentes. Pero ese juego no genera beneficios sociales tangibles.

Sin embargo este juego sí tiene, a decir de Posner, costos: el de los tributaristas mismos. Estos abogados le cuestan a la sociedad porque se los genera y mantiene. Hay que educarlos en universidades y luego pagarles por su trabajo de "tira y afloja" entre recaudar más o dejar más dinero en los privados. Ese costo reduce la productividad de la economía en general porque se gasta en algo que no genera ninguna riqueza real. En otras palabras el resultado del "tira y afloja" arroja una pérdida económica. Con ello el crecimiento del PBI se ve impactado negativamente.

¿Es correcto ese razonamiento de Posner? No estoy muy seguro. Al menos no creo que se aplique a todo tributarista. Sí creo (como Posner) que los abogados involucrados en meros juegos distributivos que no crean riqueza sí generan menos crecimiento económico. Y los tributaristas son candidatos perfectos a esa calificación. Sin embargo, creo que la generalización hecha por Posner es peligrosa.

Cristiano nos muestra que la inteligencia en los tributaristas puede generar efectos positivos, y nos puede conducir a juegos que no son de suma cero. Contribuye a la creación de sistemas tributarios que entiendan como operan los incentivos que crean, que dejen de lado su vocación mitológica o de leyenda, y aterricen en los problemas concretos que crean.

Un Derecho Tributario eficiente y justo como el que propone Cristiano, que no entienda como eficiente necesariamente una mayor recaudación, sino una recaudación óptima, sería todo un cambio en el discurso tributario. Cristiano viene con este libro a refrescar ese discurso y a abrirnos las puertas que amisten a Robin Hood con el *sheriff* de Nottingham.

Lima 20 de julio, 2011.

Alfredo Bullard G.

Introducción

Pocas áreas de la actividad humana están tan estrechamente conectadas como en el caso del Derecho, la Economía y la tributación. La tributación, fenómeno que acompaña a la civilización desde sus inicios, tiene como función principal proveer recursos financieros para la subsistencia del Estado y, justamente por esta importancia, afecta dramáticamente la vida de los ciudadanos.

La principal forma de intervención del Estado en la esfera de los individuos ocurre justamente a través de los tributos, lo que, consecuentemente, tiene impacto en la elección de los agentes sociales. En un sistema democrático, los ciudadanos, por medio de sus representantes en el parlamento, se autotributan, esto es, renuncian a una parte de su libertad económica en pro del bien de la colectividad. Libertad, en su nivel más fundamental, es una palabra que hace referencia a la posibilidad que tiene el agente racional para efectuar elecciones, es decir, optar entre las posibles alternativas de su comportamiento, valorando las potenciales consecuencias de cada una de sus eventuales decisiones.

Como las normas tributarias, de una forma u otra y en diferentes grados, afectan la autonomía de los individuos, el campo de estudio conocido como Derecho y Economía o Análisis Económico del Derecho se torna el más apto para determinar el impacto de la tributación en el mercado y en la sociedad.

En ese sentido, es importante esclarecer, como será abordado en el transcurrir de este libro, que la Economía es, ante todo, una ciencia del comportamiento, es decir, un campo del conocimiento que tiene por finalidad el análisis de la elección humana. El derecho positivo, a su vez, mediante sus mandatos prohibitivos, obligatorios y permisivos, restringe dramáticamente esa elección; por otro lado, la tradicional Ciencia Jurídica, principalmente la desarrollada en América Latina (por fuerza de la influencia secular de la Europa Continental) nunca se preocupó adecuadamente por el comportamiento humano, concentrando sus esfuerzos básicamente en cuestiones de hermenéutica jurídica y en aspectos de constitucionalidad de los tributos.

El Análisis Económico del Derecho, por otro lado, se preocupa de las consecuencias provenientes de las elecciones de los legisladores, de los jueces, de los agentes administrativos así como de los particulares al celebrar contratos, tornándose estas elecciones en normas jurídicas.

Lo que pretendo con este simple trabajo es, en primer lugar, hacer conocer este campo de conocimiento al lector del derecho tributario, ya sea académico u operador del derecho. En segundo lugar, pretendo proponer algunas aplicaciones de las herramientas del Análisis Económico al Derecho Tributario propiamente dicho.

Capítulo 1

DERECHO Y ECONOMÍA O ANÁLISIS ECONÓMICO DEL DERECHO

1. Orígenes del Análisis Económico del Derecho

Esbozar el árbol genealógico de una escuela de pensamiento interdisciplinario es una tarea compleja. Es preciso identificar, en el tiempo y espacio, las ideas primigenias capaces de generar movimientos y escuelas de pensamiento que influencian generaciones de teóricos hasta los días actuales.

Dentro de esas ideas primigenias ciertamente se encuentra la concepción de individuo y de Estado de Thomas Hobbes (1588-1679), filósofo contractualista inglés. Su visión del individuo como autointeresado y egoísta es la piedra fundamental para la justificación del contrato social y del Estado, puesto que en el denominado "estado de naturaleza", descrito en su *magnun opus Leviathan* (1651), el individuo tendría derecho a todo, inclusive al cuerpo de otros individuos. En ese mundo sin ley, el resultado sería una guerra de todos contra todos. Sin embargo, los hombres desean la paz, dado que tan solo en un ambiente seguro y estable podrán desarrollar sus actividades y obtener sus propósitos. De ello deriva el contrato social y la autoridad central denominada usualmente como Estado.

El egoísmo racional también es el núcleo en el pensamiento del padre de la Economía Moderna, Adam Smith (1793-1790)[1].

1 Smith, a pesar de ser considerado el fundador de la Ciencia Económica, fue profesor de Teoría General del Derecho en la Universidad de Edinburgh, lo que demuestra la íntima y ancestral relación entre Derecho y Economía.

El autointerés individual, en la visión del filósofo escocés, era una realidad, no una virtud a ser perseguida por los hombres[2], como lo demuestra el clásico fragmento de La Riqueza de las Naciones: "No esperamos nuestra cena de la benevolencia del carnicero, el cervecero o el panadero, sino del cuidado que pongan en sus propios intereses. No apelamos a su humanidad, sino a su egoísmo y nunca les hablamos de nuestras necesidades, sino de sus beneficios".

Otro gran pensador escocés, el empirista David Hume (1711-1776), es el responsable del paradigma, hasta hoy vigente, sobre la racionalidad en la Ciencia Económica. La racionalidad instrumental, focalizada en los medios y no en los fines, tiene su génesis en la obra *Tratado de la Naturaleza Humana* (1739), manifestado en el famoso fragmento: "la razón es, y debe ser, solo la esclava de las pasiones, y no puede aspirar a otro oficio que el de servirlas y obedecerlas".

Se podría decir que los orígenes del Derecho y la Economía propiamente dicho se encuentran en César Beccaria (1738-1794) y Jeremy Bentham. Es en la obra clásica de Beccaria, *Dei Delitti e Delle Pene* (*De los delitos y de las penas*, publicado en 1764), en donde por primera vez las sanciones jurídicas son presentadas no solo como medios de punición, sino, principalmente, como creadores de desincentivos para las realizaciones de delitos[3], lo que la doctrina actual del Derecho y la Economía denomina como "disuasión" (*deterrence*).

Jeremy Benham, influenciado por Beccaria, desarrolló las ideas ya iniciadas por el italiano[4], siendo entonces plenamen-

2 Adam Smith era un filósofo moral, siendo su obra Teoría de los Sentimientos Morales (1759) casi tan célebre como la Investigación sobre la Naturaleza y las Causas de la Riqueza de las Naciones (1776), su trabajo más conocido.

3 Como se puede ver en este fragmento: "...it is clear that the purpose of punishments is not to torment and afflict a sentient being or to und a crime which has been already committed. ...The purpose of punishment, then, is nothing other than dissuade the criminal from doing fresh harm to his compatriots and to keep other people from doing the same". *On Crime and Punishment*, p. 23.

4 Para Bentham, una sanción es ineficaz cuando no produce incentivos al individuo: "(a punishment is inneficacious) where the penal provision, though it were

te desarrolladas por el filósofo y jurista inglés, resultando en el Utilitarismo, rama menor del Consecuencialismo, siendo este último uno de los pilares del Análisis Económico del Derecho.

El moderno Análisis Económico del Derecho surge, sin embargo con Ronald Coase, economista inglés y profesor de la Universidad de Chicago, galardonado con el Nobel de Economía en 1991. Su célebre artículo de 1960, "The Problem of Social Cost[5]", es considerado la piedra fundamental del naciente movimiento teórico que dominaría las siguientes décadas, principalmente a través de la famosa Escuela de Chicago, y que le traería el premio máximo de la Ciencia Económica.

De forma simultánea, aunque independiente, Guido Calabresi publica otro artículo, intitulado "Some Thoughts on Risk Distribution and the Law of Torts[6]", cuyo tema sería nuevamente abordado en su obra clásica "The Cost of Accidents. A Legal and Economic Analysis[7]".

Richard Posner, Juez Federal y Profesor en la Escuela de Derecho de la Universidad de Chicago, publica el primer tratado de Derecho y Economía, intitulado "Economic Analysis of Law[8]", en 1972, aplicando entonces las herramientas de la disciplina a las más diversas ramas jurídicas. Muchísimas obras y artículos siguieron, lo que hizo que la escuela del *Law and Economics* sea la más influyente de las últimas décadas en los Estados Unidos.

---

conveyed to a man's notice, *could not produce no effect on him*, with respect to preventing him from engaging in any act of the sort in question." (itálico del original). *The Principles of Morals and Legislation*, p. 173.

El "principio de la utilidad" de Bentham tiene una gran influencia para la Economía. Por este principio, una sanción será considerada buena por sus consecuencias, es decir, si aumentara la felicidad de un individuo o de un grupo. De ahí la máxima del utilitarismo formulada por Bentham: The greatest happiness of the greatest number is the foundation of morals and legislation.

5 COASE, Ronald. "The Problem of Social Cost". *Journal of Law and Economics*, n. 3, pp. 1-23, 1961.

6 Yale Law Journal, Vol. 70 (1961).

7 Yale University Press, 1972.

8 Actualmente en la 7ª edición por la Wolters Kluwer Law & Business

Otra enorme contribución que no puede ser olvidada es la de Gary Becker, economista que también ganó un premio Nobel (1992), también de la Universidad de Chicago. Becker se distinguió por aplicar las herramientas económicas a los más diversos sectores de la vida humana, y no solo al dominio estrictamente del mercado, normalmente asociado con la Ciencia Económica[9].

El movimiento también se propagó por Europa[10] y América Latina[11]. Recientemente, el Derecho y Economía también llegó a Brasil, a través de los trabajos de académicos de las facultades de Derecho de la Fundación Getulio Vargas de São Paulo, de la Universidad de São Paulo, Pontificia Universidad Católica del Rio Grande do Sul, Universidad Federal del Rio Grande do Sul y otras instituciones[12]. En el Perú, el profesor Alfredo Bullard Gonzáles es el principal representante del movimiento, profiriendo palestras en el exterior y publicando obras sobre la materia.

2. ¿Qué es el Análisis Económico del Derecho y por qué es importante?

El Análisis Económico del Derecho o Derecho y Economía es una línea de pensamiento interdisciplinario que busca aplicar las herramientas de la Ciencia Económica, principalmente de la Microeconomía, al Derecho, sea al Positivo, sea a aquel que vendrá a ser legislado.

---

9 En este sentido, se puede resaltar los artículos "The Economic Approach to Human Behavior" y "Crime and Punishment: an Economic Approach". *In The Economic Approach to Human Behavior*. The University of Chicago Press, 1978.

10 Con importantes académicos en Alemania, Italia, Portugal y en diversos países de Europa. Para obtener una mayor información, consultar el site de la European Association of Law and Economics: http://www.york.ac.uk/criminaljustice/EALE/

11 Con académicos en México, Perú, Argentina, Colombia, Venezuela, de entre otros países. Para mayores informaciones, consultar el site de la Asociación Latino-americana y del Caribe de Derecho y Economía (ALACDE): www.alacde.org.

12 Para obtener una mayor información, consultar los sites del Instituto de Derecho y Economía del Rio Grande do Sul (www.iders.org) y de la Asociación Brasileña de Derecho y Economía (www.direitoeeconomia.org).

Cabe decir que, entre las ciencias humanas, la Economía (y, especialmente, la Microeconomía) fue la que obtuvo un mayor éxito hasta hoy. Su carácter empírico y su fuerte matematización la tornó una ciencia en el más puro sentido de la palabra, dado que es capaz de no solo analizar rigurosamente su objeto, sino también prever, con un razonable grado de precisión, el comportamiento futuro de ese mismo objeto.

Así como la Teoría General del Derecho, la (Micro) economía tiene carácter universal. Como enseñan Robert Cooter y Thomas Ulen, "la Microeconomía es la misma, ya sea enseñada en Tokio, Helsinski o Nueva York, pero el Derecho es diferente en cada país. El Análisis Económico puede ayudar a unificar el mundo a través de la unificación de la teoría jurídica[13]". En ese sentido, la Ciencia Económica viene a contribuir de forma contundente a la Teoría del Derecho, proporcionando herramientas epistemológicas nunca antes puestas a disposición de los investigadores jurídicos, tales como la teoría de los precios, la teoría de los juegos, la teoría de la elección racional, entre otras tantas.

Es necesario aclarar la frecuente confusión por parte de los desconocedores, incluidos en esta clase los juristas tradicionales, de lo que viene a ser el objeto de la Ciencia Económica. La definición clásica de Economía, consistente en la ciencia que estudia "cómo los recursos escasos son o deberían ser destinados[14]", sufrió un alargamiento semántico a lo largo de las últimas décadas, no restringiéndose tan solo a la asignación de "recursos" tales como la moneda, bienes y mercaderías, propiedades, comodities, etc., entre empleadores, trabajadores, propietarios, empresas o inversionistas. El objeto de la Moderna Ciencia Económica es mucho más rica y abarcadora: *la elección humana*[15].

---

13 *Law and Economics*. Del prefácio, p. X. Traducción nuestra.

14 *Oxford Dictionary of Economics*, verbete "Economics".

15 Este abarcamiento, conforme enseña Gary Becker, hace que la economía sea más un método que una ciencia con objeto delimitado, puesto que sus herramientas pueden ser aplicadas a todo tipo de comportamiento humano, regido por elecciones individulaes. *The Economic Approach to Human Behaviour*, The University of Chicago Press, 2001, p. 5.

Por tanto, la Economía es una ciencia de la elección. Siendo así, los economistas estudian cómo los individuos toman decisiones[16], cómo escogen para actuar en el mundo, en el cual los recursos son escasos, y cómo esas decisiones afectan a otros individuos en un contexto internacional. Dicho contexto normalmente es algún mercado, entendido este como el ámbito de interacción entre individuos o empresas.

Y ¿Qué tiene que ver el Derecho con ello?

Desde John Austin, el pionero del positivismo del siglo XIX, pasando por Hans Kelsen y Herbert L. A. Hart, el Derecho pasó a ser definido como *un conjunto de mandatos resguardados por amenazas estatales, o, de forma más simple, sanciones jurídicas.* En ese contexto, la figura de la sanción es nuclear para el Derecho, pues se trata del estímulo fundamental para que los individuos se sientan compelidos a cumplir con los deberes que les son impuestos por el orden jurídico. Sin embargo, *las sanciones jurídicas son vistas por los economistas como precios.*

Considerar a las sanciones jurídicas como precios no significa tornar el Derecho en una mercadería, en el sentido más vulgar del término, por ejemplo, como algo que pueda ser vendido en el comercio. Tampoco se trata de retirar la cuestión moral del mundo jurídico, aspecto que envuelve valores importantes a los individuos, como la seguridad, la equidad y el sentido de justicia. Valorar las normas jurídicas significa comprender que su destinatario efectúa cálculos racionales sobre las consecuencias jurídicas de las alternativas que se presentan a su elección. En otras palabras, el individuo racional decidirá las conductas que realizará tomando en cuenta los efectos jurídicos posibles a partir de la elección que realizará.

Considerar los mandatos jurídico-normativos como precios abre la posibilidad para la aplicación de todas las herramientas de la teoría económica al análisis del Derecho. Por ello, la utilización de modelos matemáticos de elección racional, por medio

---

16 Cf. N. Gregory Mankiw, *Principios de Microeconomía*, p. 4.

de métodos cuantitativos, como la Econometría y la Estadística, torna posible establecer hipótesis científicas relativas al fenómeno jurídico, algo que la supuesta Ciencia del Derecho no acostumbra emprender.

Mientras que la teoría jurídica tradicional se preocupa principalmente por las definiciones y conceptos de los institutos jurídicos, el Análisis Económico del Derecho aplica las herramientas microeconómicas para construir modelos, que puedan predecir comportamientos regulados por las leyes. El Análisis Económico, a pesar de su carácter analítico y predictivo propio de una auténtica Ciencia, también es capaz de sugerir cambios o alternativas jurídicas mucho más capaces para alcanzar los objetivos pretendidos por el legislador.

3. Algunos conceptos fundamentales

Las premisas y conceptos básicos del Análisis Económico del Derecho son los siguientes:

A) Elección Racional

Los individuos son racionales, esto es, efectúan elecciones para maximizar su propio interés, o, como dicen los economistas, maximizar su *utilidad. Y, por ello, responden a incentivos.*

Ser racional, para la Economía, significa ser capaz de efectuar *elecciones consistentes,* lo que significa que estas deben ser: a) completas: el individuo debe ser capaz de priorizar su preferencia delante de alternativas. Por ejemplo, debe ser capaz de decidir que prefiere A en vez de B; 2) transitivas: si el individuo es capaz de percibir que prefiere A en vez de B, y B en vez de C, entonces necesariamente prefiere A en vez de C: $(A > B > C \rightarrow A > C)$.

"Maximizar" significa simplemente aumentar, mejorar. Con referencia al autointerés, sabemos desde (por lo menos) Adam Smith[17], que los individuos actúan primordialmente pensando

17 Por ejemplo, en el clásico y conocidísimo fragmento de la Riqueza de las Naciones (pág. 95): "No esperamos nuestra cena de la benevolencia del carnicero, el

en sí mismos[18]. Se trata de una concepción positiva (de lo que es) y no normativa (de lo que debería ser).

Dentro de estos incentivos, se encuentran las normas jurídicas. Como vimos líneas atrás, la norma jurídica, y, principalmente, su sanción, es procesada como un precio por su destinatario. Es decir, las personas responden a las sanciones de la misma forma como responden a los precios. El receptor de la norma, de forma automática, por ser racional, cuando toma ese mandato normativo como un precio, valora la relación "costo vs beneficio" de la conducta que podría realizar.

B) Consecuencias

Las elecciones realizadas por criminales, pagadores de impuestos, legisladores o jueces, sean cuales sean, *acarrean consecuencias*. Dado que los economistas lidian con decisiones referentes a recursos escasos, donde las *elecciones implican renuncias*, se preocupan especialmente por las *consecuencias* provenientes de las acciones tomadas por los individuos.

La preocupación, menor o mayor, por las consecuencias es intrínseca a cualquier sujeto dotado de racionalidad, desde sus acciones más comunes, hasta las más complejas. Sea al tomar un vaso de agua o de vino al cenar, aceptar o no una invitación profesional, o incluso entre invertir o no en el mercado de acciones, la mente humana calcula las posibles consecuencias resultantes de las opciones que se presentan en el caso concreto. Dicha facultad es inherente al hombre, y funciona siempre, aunque de forma intuitiva en la mayoría de las veces, y no es necesario ser economista para ello.

Por increíble que parezca, muchos juristas, al menos los educados en el Sistema Continental Europeo (de origen Romano-

---

cervecero o el panadero, sino del cuidado que pongan en sus propios intereses. No apelamos a su humanidad sino a su egoísmo y nunca les hablamos de nuestras necesidades sino de sus beneficios".

18 No se debe confundir autointerés con egoísmo. El bienestar de terceros puede servir muy bien al autointerés de alguien. En este sentido, Richard Posner, *Economic Analysis of Law*, p. 4.

Germánico) tienen una gran dificultad en aceptar o incluso en entender la importancia por la preocupación de las consecuencias que tiene para el derecho. Probablemente por una influencia muy grande de la Deontología[19] en la Ciencia Jurídica, a lo largo de los siglos, los juristas (por ejemplo, los jueces) tienden a descartar las consecuencias que provendrán de sus decisiones. El lema *Fiat justitia, pare at mundus*[20] no es solo no realista, sino también, muchas veces, irresponsable. Si el mundo pereciera, o no existieran recursos suficientes, los derechos atribuidos por las decisiones jurídicas se tornarían vacías, destituidas de sentido y de propósito[21].

---

19 Un adepto de la deontología considera a los actos como buenos o malos, moralmente ciertos o errados, de forma apriorística. Para estos, una conducta es buena o mala independientemente de sus resultados. Un consecuencialista, por otro lado, valorará las conductas por sus resultados. De este modo, un deontólogo dirá que mentir es siempre un vicio, mientras que el consecuencialista dirá que los resultados deben ser tomados en cuenta. Por ejemplo, si la deontología por excelencia, que es la Kantiana, fuera llevada a las últimas consecuencias, tendríamos que llevar a un loco armado con un machete hasta donde están nuestros hijos, para que pueda extirparlos, puesto que mentir sobre dónde se esconden nuestros hijos sería considerado inmoral *prima facie*. La crítica al apriorismo ético de Kant partió de Benjamim Constant, en el ensayo, *De las Reacciones Políticas*, publicado en el fascículo VI, nº 1, de la revista *La Francia en el año 1797*: "El principio moral de decir la verdad es un deber, si fuese considerado incondicionado y aisladamente, tornaría imposible cualquier sociedad. Tenemos la prueba de ello en las consecuencias directas que un filósofo alemán sacó de ese principio, llegando incluso a pretender que la mentira sería un delito en relación a un asesino que nos preguntase si nuestro amigo, perseguido por ellos, no está refugiado en nuestra casa". Por otro lado, los fines no pueden justificar los medios, lo que sería una conclusión del consecuencialismo radical. Por consiguiente, debe haber un equilibrio entre los dos sistema éticos.

20 Hágase justicia aunque perezca el mundo.

21 Como en los casos en los que los jueces confieren derechos de orden positivo a los postulantes, sin preocuparse si el poder público tiene recursos para ello. La tercera Cámara Civil del Tribunal de Justicia del Rio Grande do Sul es pródiga porque confiere derechos sin preocuparse por el presupuesto del Estado o con la reserva de lo posible. Un reciente ejemplo es la decisión en agravio de instrumentos (proceso n. 70023333669, decidido el 03/04/2008, DJE de 14/04/2008), donde, por mayoría, la Cámara decidió lo siguiente: el Municipio del interior del RS tiene la obligación de proveer medicamentos carísimos al ciudadano con tumor cerebral. A pesar de la noble causa, debemos decir que el Municipio no

C) Equilibrio

¿Por qué las personas, siendo autointeresadas, tienden a convivir pacíficamente, incluso cuando no existen reglas formales para ello? Porque las costumbres, las tradiciones, las reglas informales de convivencia, acaban orientando el conjunto de acciones individuales a una situación de *equilibrio*.

Igualmente, incluso cuando todos los sujetos actúan en pro de su autointerés racional, el resultado acaba siendo una tendencia hacia el equilibrio[22], simplemente porque las acciones individuales no acaban teniendo más poder para influenciar al sistema (o mercado) que las otras.

D) Eficiencia

Aquí reside, tal vez, el punto más polémico del Análisis Económico del Derecho.

Eficiencia es un valor deseado por todos. Pero ¿qué viene a ser "eficiencia" en términos económicos? (Se puede decir que alguien, bien un individuo o una empresa, es más eficiente que otro, cuando obtiene mejores resultados con los mismos recursos disponibles, o, también, cuando obtiene los mismos resultados con menos recursos. En otras palabras, es hacer más con lo mismo, o lo mismo con menos, o, de forma mucho más sucinta, obtener el mejor resultado a partir de recursos escasos.

---

tiene recursos para ello y los costos de dicho medicamento no estaban previstos en su presupuesto. No es preciso mucho esfuerzo para percibir que, independientemente que el autor de la acción tenga derecho o no al medicamento, dicha concesión ciertamente tendrá consecuencias, no solamente para las cuentas del Municipio, sino también (y, principalmente) en los recursos necesarios para la prestación de servicios públicos (incluyendo el de salud) para los demás ciudadanos.

22 Ejemplo dado por Krugman y Wells: "En una tarde de mucho movimiento en el supermercado donde existan muchas filas largas en las cajas. De repente, una de las cajas que estaba cerrada se abre. ¿Qué sucede? La primera cosa que acontece, claro está, es un desplazamiento de las personas hacia la caja que se abre. Después de algunos minutos la situación se habrá estabilizado; los compradores se habrán reacomodado, de modo que la caja nueva tendrá más o menos o igual cantidad de personas que las demás". *Introdução à Economia*, p. 10.

En términos jurídicos, una ley será más eficiente que otra si fuera capaz de alcanzar los mismos resultados a través de costos menores. Estos costos no precisan ser necesariamente financieros, sino pueden envolver también costos personales, morales, o incluso lo que la Economía denomina como *Costo Social* (que envuelve las *externalidades*), Costos de Oportunidad, o Costos de Transacción.

El punto polémico es la dicotomía o el *trade off* entre eficiencia y equidad. Una decisión jurisdiccional, muchas veces no considerará ningún criterio de ineficiencia en pro de la equidad. Sin embargo, para los juristas con conocimiento de Economía, dicha decisión caracterizará una mala destinación de recursos.

Otro problema es la vaguedad y ambigüedad de los términos "equidad" y "justicia". El primero es un poco menos vago, porque denota una aplicación de criterios de justicia al caso concreto[23]. El segundo, sin embargo, es uno de los términos de contenido más subjetivo del Derecho. Podría buscar diversas acepciones para el término, pero me limitaré a dos, que son las que nos interesan para los fines de este artículo.

La justicia es vista por los juristas, muchas veces, como justicia (re)distributiva, esto es, como un instrumento para corregir desigualdades económicas, con la finalidad de alcanzar la justicia social.

La otra acepción es aquella ligada a la eficiencia. Como enseña Richard Posner[24], lo que las personas acostumbran describir como "injusto", como, por ejemplo, condenar a alguien sin juzgamiento, expropiar sin compensar justamente al propietario, o incluso el principio del enriquecimiento sin causa, es una noción que puede derivar de la idea de eficiencia. De una forma u otra, se tratan de más destinaciones de recursos. O, en otras

23 O como enseñó Aristóteles, "la equidad, aunque sea justa, no es justicia legal, sino rectificación de esta". Es decir, un ajuste de la norma legal al caso concreto, a través de la mano del juez. *Ética a Nicômano*, p. 160.

24 *Economic Analysis of Law*, p. 30.

palabras, desperdicio, en un mundo de recursos escasos, debe ser considerado como algo inmoral.[25].

Cabe resaltar que la eficiencia no es el único criterio que será tomado cuando se habla de justicia. La justicia (a pesar de su vaguedad y subjetivismo) es un valor de connotación mucho más rico que el valor eficiencia. Incluso así, es importante, para alcanzarse cualesquier fines considerados justos, que los *medios sean eficientes*. En este contexto, aunque se pueda discutir si el valor-fin del Derecho es la equidad o la eficiencia, es indiscutible que la eficiencia en cuanto valor-medio es fundamental[26].

Concluimos, aunque se puedan responder posiciones consecuencialistas radicales, afirmando que incluso los principios morales absolutos tienen una explicación evolucionista[27], el que también es bastante próximo al Derecho y Economía. Si los preceptos morales alcanzaron y se tornaron fundamentos de civilizaciones enteras, es porque tuvieron su época de test práctico en el transcurrir de la evolución humana. Y, como los efectos de esas guías axiológicas de la acción humana fueron más positivos que negativos, se tornaron valores morales y éticos de tal envergadura que pasaron a ser vistos no solo como atemporales y apriorísticos, sino también, muchas veces, de origen divino.

3.1. Las externalidades

Cada elección que resulta en una acción acarrea, inevitablemente, consecuencias.

---

25 Ídem, ibídem.

26 Desconsiderar la eficiencia puede llevar a decisiones que, aparentando ser justas y ecuánimes, acarrean desperdicio de recursos, como es el caso de los juzgados de la Tercera Cámara Civil del TJRS, ya referidos aquí. Por otro lado, tomar la eficiencia como único criterio puede también llevar a soluciones moralmente repudiables. Es innegable que, desde cierto prisma, sería más eficiente, en términos de eficacia del derecho penal, obligar, por ejemplo, que los reos se auto-inculparan, lo que, sin embargo, es prohibido por la Constitución. O, en otro ejemplo, autorizar la tortura para localizar una bomba que fue ocultada por un terrorista, salvando así las vidas de centenares de ciudadanos. Pero, no obstante la cuestión de la eficiencia, en términos morales, dichas cuestiones son o repudiadas rápidamente, o altamente discutibles.

27 Estudiados actualmente por la Neurociencia y la Biología Evolutiva.

Sin embargo, muchas veces, las consecuencias afectan no solo a quien tomó las decisiones, sino también a terceros. Son las externalidades, tipo de fallas del mercado, que pueden ser tanto positivas como negativas. Por ejemplo, yo sé que si opto por llevar una vida sin orden, comiendo y bebiendo de forma no saludable, ya sea tarde o temprano la consecuencia será el deterioro de mi salud. En tesis, es un problema que me compete tan solo a mí, encontrándose dentro de mi esfera de libre elección de cómo llevar mi propia vida de la forma como bien me parezca. Sin embargo, si mis problemas de salud generarán costos para algunos (familia) o para todos (Estado), estaré generando externalidades negativas.

Por otro lado, las externalidades generadas para terceros también pueden ser positivas. Por ejemplo, la implementación de obras públicas puede acarrear una valorización en los inmuebles de los contribuyentes. Esta externalidad puede ser internalizada por el Estado, al instituir la Contribución de mejora, que será cobrada en la medida de esa valorización. El problema es que no siempre esa externalidad puede ser internalizada, generando el problema del *Free Rider.*

4. El Análisis Económico Positivo y Análisis Económico Normativo: lege data y lege ferenda

Steve Shavell enseña que el análisis económico busca responder dos tipos fundamentales de pregunta sobre el Derecho.

1) La primera pregunta tiene una naturaleza descriptiva, refiriéndose a los efectos de las normas jurídicas en el comportamiento y sus respectivos resultados. Por ejemplo: ¿Un aumento en la alícuota del Impuesto brasileño sobre *Operaciones de Cambio* (IOF) sobre inversiones extranjeras en el mercado de capitales tendrá efecto sobre el ingreso de dólares en el país?

2) La segunda pregunta es normativa, es decir, se refiere al cuán socialmente deseable son determinadas reglas que toman en cuenta los fines que la sociedad valora como importantes.

Por ejemplo: ¿Vale la pena obtener una eventual valorización del real frente al dólar y con el costo de posiblemente espantar inversiones extranjeras?

La dogmática jurídica de tradición más positivista, principalmente la fiscal brasileña, acostumbra despreciar consideraciones de lege ferenda, considerando las materias destinadas a otras disciplinas, tales como la Sociología o la Política del Derecho.

El Derecho y Economía, sin embargo, considera al fenómeno jurídico como perteneciente al dominio de la razón práctica, esto es, las normas jurídicas apuntan a ciertos fines. Siendo así, sin despreciar la forma, lo que se pretende analizar es si los fines pretendidos son realmente alcanzados, cuáles son las consecuencias de los medios utilizados para ello y si serían posibles alternativas más eficientes.

En síntesis, análisis positivo significa cómo el derecho "es", es decir, el derecho válido y vigente, aquí y ahora. Es interesante percibir que esa forma objetiva de encarar el objeto de estudio no era obvia en la propia Ciencia Económica hasta hace poco tiempo. Mientras que en la teoría jurídica, el objetivismo positivista plenamente desarrollado data desde por lo menos John Austin, en la Economía tan solo se fue tornando realmente manifiesto con el famoso ensayo "Methodology of Positive Economics", de 1953, de Milton Friedman, Nobel de Economía em 1976. Friedman sustenta que la Economía, si quisiera ser objetiva y, por lo tanto, científica, debe abstenerse de juicios morales al describir su objeto. Nada de nuevo para el positivismo jurídico.

Análisis normativo, por su parte, se refiere a cómo el derecho debería ser. Ese "deber-ser", sin embargo, no se confunde con el sentido empleado en el campo de lo deóntico, es decir, de regulación de las conductas humanas. La normatividad del análisis se refiere a las proposiciones de lege ferenda del jurista y/o del economista, en el sentido de tornar más justa o más eficiente, dependiendo del valor que se quiere obtener.

Así como cualquier otra tecnología disponible al ser humano, las herramientas del derecho y la economía pueden servir por lo tanto para propósitos morales, como inmorales o incluso amorales. Así como no se puede culpar a Max Planck, Albert Einstein o Niels Bohr por el uso práctico que los gobiernos hicieron y hacen de la física nuclear, tampoco se podrá culpar al Derecho y Economía por el uso que de él vinieran a hacer. Sin embargo, una cosa es cierta: los fines apuntados por el legislador y por el aplicador del derecho serían mucho más fácilmente obtenidos con el dominio y con la manipulación eficiente de las normas como productoras de incentivos.

5. Lo que el Análisis Económico aplicado al Derecho tributario no es

La confusión más frecuente que se hace entre el Derecho y Economía y su aplicación en el Derecho Tributario es confundir el método de análisis, ya expuesto en este artículo, con un raciocinio financiero "pro-fisco".

El equívoco proviene probablemente de la denominada "interpretación económica del hecho generador", cuyo origen se remonta al sistema tributario alemán de la primera mitad del siglo pasado (Código Fiscal alemán de 1919 y después reafirmada con mucha más fuerza en el período nazista, década de los años 30). Por esta interpretación, quedaba impedido el uso de formas jurídicas en la realización de los planeamientos tributarios y, yendo más lejos, la hermenéutica del derecho sería siempre orientada a los intereses del Estado.

Aunque una interpretación en esa trayectoria sea funcionalista -cumplir con los objetivos financieros del gobierno- la misma no se confunde con el Análisis Económico del Derecho. Este no se preocupará por los intereses del Estado, sino por analizar los incentivos creados por las normas. En el ejemplo histórico de arriba, el analista económico del derecho formularía las siguientes indagaciones: ¿Cómo actuará el contribuyente frente a esas imposiciones normativas? ¿ellas disminuirán la evasión y elisión fiscal, o tendrán potencialmente el efecto de una deserción mucho mayor en el cumplimiento de las obligaciones tributarias?.

Por el mismo raciocinio, la preponderancia del formalismo en el derecho tributario también puede ser encarado como un tipo de funcionalismo que garantiza la seguridad jurídica, a través de la objetividad y mayor previsibilidad en el cumplimiento estricto y literal de la legislación tributaria, tanto por el fisco, como por el juez y por el contribuyente.

Otros raciocinios financieros son también incorrectamente clasificados como económicos. Un buen ejemplo es la modulación de los efectos en las decisiones en acciones directas de inconstitucionalidad, instituido por el artículo 27 de la Ley brasileña n. 9.968/99. El Supremo Tribunal Federal, por medio de esta ley, puede atribuir tan solo efectos prospectivos a las decisiones donde declara la inconstitucionalidad de una norma, por ejemplo, un tributo.

Algunos dirían que la posibilidad de atribuir efecto "ex nunc" a las decisiones declarativas de inconstitucionalidad no es más que un raciocinio económico, cuyo objetivo sería preservar las cuentas del gobierno. El analista económico del derecho, por otro lado, dirá que probablemente esa regla, una vez aplicada frecuentemente por el Supremo Tribunal Federal brasileño, generará incentivos para que el legislativo siga creando leyes inconstitucionales, dado que su costo pasa a ser mínimo porque no tendrá que resarcir de forma "ex tunc" a los contribuyentes perjudicados por el tributo abusivo.

Sintetizando, no se debe confundir el Derecho y Economía aplicada a la tributación con las formas de interpretación que beneficien los intereses financieros del Estado.

Capítulo 2

APLICACIONES EN EL DERECHO TRIBUTARIO

A partir de este punto, presentaremos algunas de las diversas aplicaciones que el Análisis Económico ofrece para el Derecho Tributario.

Debido al objetivo de este libro, algunas importantes teorías tales como la elección del consumidor, acción colectiva, teoría de los juegos y nueva economía institucional serán presentadas de forma sucinta, sin mayores exposiciones de sus premisas, hipótesis o alcances. Los lectores que tengan un mayor interés en los temas pueden recurrir a las obras aquí citadas.

1. ¿Por qué y para qué existen tributos?

Los tributos son tan antiguos como la propia civilización. Se puede decir que están umbilicalmente ligados, porque, según la frase célebre del Juez de la Suprema Corte norteamericana Oliver Wendell Holmes, "los tributos son lo que pagamos para una sociedad civilizada".

Si los tributos son el precio que pagamos por vivir en sociedad, lógicamente se concluye que no es posible que exista una civilización sin tributos. Y ¿cuál sería la razón de esa conexión tan estrecha?

De acuerdo con los filósofos contractualistas clásicos, los ingleses Thomas Hobbes y John Locke, y el francés Jean Jacques Rousseau, la sociedad (abstrayendo las diferencias entre sus teorías) se forma a partir de un contrato social.

El "contrato social" es el pacto realizado entre los individuos, quienes al renunciar a parte de su libertad individual constituyen una entidad central que está dotada de autoridad sobre todos. Esta autoridad, principalmente el Estado, tendrá la función de proteger y garantizar la libertad de los mismos individuos que renunciaron a parte de ella al pactar el contrato social.

Por más contradictorio que pueda parecer, es la renuncia parcial de la libertad que posibilita la manutención de esa misma libertad, a través del monopolio estatal del uso de la fuerza. Con ejemplos, la seguridad contra la violencia interna (policía), la seguridad contra la violencia externa (fuerzas armadas) y árbitros para dirimir conflictos de intereses entre los individuos (jueces).

Si deseamos tener un ente que nos proteja a unos de otros ¿Realmente es necesario que el tributo sea compulsorio? ¿Por qué no contribuimos voluntariamente para la manutención del gobierno?

Adam Smith nos enseñó, y la experiencia de los siglos comprueba que casi siempre el actuar racional y autointeresado (y, de forma especial, razonablemente libre de intervención estatal) de los individuos en un contexto intersubjetivo, es decir, en un mercado, es eficiente. Igualmente, la búsqueda de los objetivos e intereses propios de los individuos casi siempre atiende a los intereses de toda la sociedad.

Sin embargo, hay excepciones a esa máxima. Paul Krugman, que hace poco ganó un nobel, sintetiza de una buena manera: "A veces, la búsqueda del interés propio del individuo, en vez de promover el interés de la sociedad como un todo, puede, en realidad, causar daño a la sociedad".

Estas son las denominadas "fallas del mercado", es decir, situaciones en las que la interacción racional y autointeresada de los agentes económicos no lleva a resultados eficientes desde el punto de vista del beneficio social. Dentro de dichas fallas, se encuentran determinados bienes que a pesar de ser necesarios y muchas veces imprescindibles para el bienestar de todos, no son producidos de forma eficiente (o suficiente) por el mercado. Esos son los bienes públicos.

Económicamente hablando, el tributo necesita ser compulsorio para que se pueda evitar una de las anomalías provenientes de los bienes públicos, a saber: el problema del oportunista (free rider). El oportunista es aquel que se beneficia del bien sin haber pagado por él. Por ejemplo, el individuo que rechaza pagar por la seguridad pública a pesar de ser un beneficiado de ella.

De acuerdo con el paradigma económico, dicha situación es inevitable, dado que el oportunismo en esas situaciones es la decisión racional que se toma. Considerando que los ciudadanos son racionales, entonces deben actuar de modo que maximicen su utilidad, siempre respondiendo a los incentivos que reciben. Sucede que en determinadas situaciones, dicho actuar es racional y estratégico.

"Estratégico" quiere decir que el individuo actúa tomando en cuenta el comportamiento de otros individuos en la misma situación o contexto. Dicho postulado es el punto de partida de la Teoría de los Juegos, campo de la Economía Matemática que analiza comportamientos en situaciones estratégicas, donde la elección de un individuo depende de la elección de otros.

En términos estratégicos, si no se puede excluir al oportunista del uso del bien, no hay incentivos suficientes para que él pague por el bien. Desde el punto de vista del oportunista, si los otros no pagan ¿Por qué debería pagar él?. Por consiguiente, es racional no contribuir, elección que individualmente es maximizadora, pero que colectivamente es peor para el grupo. Este resultado es denominado "Equilibrio de Nash", que ocurre cuando la elección de un individuo es la mejor posible frente a lo que él cree que será la elección del otro.

En el derecho tributario brasileño, una de las especies tributarias es la tasa, que se divide en dos subespecies: servicios públicos y ejercicio del poder de policía. Al contrario de aquel, este último es instituido como contrapartida a una actuación estatal que genera externalidades positivas típicas de un bien público.

La tasa por la prestación de servicios públicos es una exacción a cambio de servicios que son prestados de forma mucho más eficiente por el sector privado. Ello es así que paulatinamente los referidos servicios fueron entregados para la iniciativa privada y diversas tasas fueron suprimidas en los últimos años.

Por otro lado, la contribución de mejora, cobrada cuando exista una valorización de inmuebles privados como consecuencia de obras públicas, es una forma de internalización de las externalidades positivas, puesto que la obra es costeada por los impuestos pagados generalmente por una parcela mayor de contribuyentes, en donde algunos se benefician más que otros. La contribución debe ser instituida teniendo como límite general el costo total de la obra y como límite individual el *quantum* de valorización obtenida de cada bien particular (artículo 81 del Código Tributario Brasileño[28]).

Los impuestos, a su vez, son la regla general en materia de tributos. Ellos tienen la función principal de generar ingresos para el Estado, y son destinados, principalmente, para la producción de bienes públicos.

2. Extrafiscalidad

Otra función menos frecuente, pero de gran importancia para el Estado, es la utilización de los tributos con la finalidad de alterar la asignación de los recursos. Dicha función es la *extrafiscalidad*, que significa utilizar normas tributarias con el objetivo de generar incentivos para que los contribuyentes actúen de determinada forma, por ejemplo, consumir más o menos determinado producto.

---

28 Art. 81. La contribución de mejora cobrada por la Unión, por los Estados, por el Distrito Federal o por los Municipios, en el ámbito de sus respectivas atribuciones, es instituida para hacer frente al coste de obras públicas que implican una valorización inmobiliaria, teniendo como límite total al gasto realizado y como límite individual el aumento de valor que resultara de la obra para cada inmueble beneficiado.

Manipular incentivos es una tarea especialmente compleja y muchas veces los resultados son inútiles o incluso opuestos a los que el legislador pretendía obtener. Incluso así, al imponer costos o beneficios por medio de la tributación, el Estado puede tener razonables chances para alcanzar los fines pretendidos, siempre que los planeadores de políticas públicas comprendan cómo los individuos reaccionan a los incentivos.

Veamos un ejemplo: un aumento de alícuota en un determinado producto puede influenciar en los consumidores a no adquirir aquel bien o sustituirlo por otro. En estos casos, se dice que la demanda de ese bien es elástica, lo que significa que, si el costo del producto aumentara, la demanda por él, es decir, la intención de los consumidores por adquirirlos disminuiría.

En estos tipos de productos, el aumento de alícuota con fines extrafiscales es eficaz, pues el productor tendrá dificultad para transferir el costo del tributo a la mercadería, bajo pena de ver la demanda reducida. Veamos un ejemplo: si el precio de la carne de ganado aumenta, el consumidor puede sustituirlo por pollo (el pollo es sustituto de la carne de ganado).

Hay bienes, sin embargo, que tienen una demanda inelástica. En estos casos, el costo del tributo puede ser transferido sin que se disminuya el consumo. Un ejemplo son los bienes o servicios de primera necesidad, por ejemplo, consultas médicas (no hay sustituto para este tipo de servicio[29]).

Nótese que los criterios de selectividad y esencialidad del Impuesto sobre Productos Industrializados (IPI) y del Impuesto sobre Circulación de Mercaderías y Servicios (ICMS) previstos en la Constitución Federal brasileña (artículos 153, § 3°, I, y

29 Siempre debemos recordar que la atribución de utilidad es subjetiva y varía de individuo en individuo. Un sujeto que sea aficionado por navegar a vela y no tenga mucha preocupación por su salud, puede considerar a la consulta médica como un bien de lujo y a los barcos a vela como bienes de primera necesidad. Sin embargo, *como regla general*, no es así como se verifican las demandas en el mercado, y las consultas médicas, tan solo para mantener el ejemplo, son, de hecho, consideradas más esenciales que los barcos a vela.

155, § 2°, III, respectivamente[30]) fue prevista para cumplir una función extrafiscal. En este sentido, la elasticidad de la demanda debería obviamente ser tomada en cuenta cuando se dé la efectiva institución de alícuotas variables, dado que, de lo contrario, la extrafiscalidad es anulada y el tributo pasa a ser meramente recaudatorio.

La alícuota del ICMS sobre energía eléctrica en el Estado de São Paulo, por ejemplo, varía de 12% (consumo residencial hasta 200 kwh) a 25% (por encima de 200 Kwh). Se percibe que la extrafiscalidad aplicada sobre este bien no tiene la finalidad de inducir a su sustitución por otro, porque no hay un bien sustituto: la intención es incentivar el ahorro de energía por los consumidores. Nos faltaría saber, sin embargo, si el efecto pretendido es alcanzado o no.

En rigor, los tributos generan incentivos, sean fiscales o extrafiscales. La diferencia es la intención del creador de la exacción, lo que significa decir el objetivo que pretende alcanzar.

Considerando que el Derecho es un sistema comunicacional, formado por actos de habla prescriptores de conducta, es imprescindible que dichas comunicaciones sean bien desarrolladas, esto es, despierten en sus destinatarios la compresión de

30 Art. 153. Compete a la Unión instituir impuestos sobre:

...

IV. Productos industrializados;

...

§ 3º. El impuesto previsto en el inciso IV:

I. Será selectivo, en función de la esencialidad del producto;

Art. 155. Compete a los Estados y al Distrito Federal instituir impuestos sobre:

...

II. Operaciones relativas a la circulación de mercancías y sobre prestaciones de servicios de transporte interestatal e intermunicipal y de comunicación, aunque las operaciones y las prestaciones se inicien en el exterior;

...

§ 2.º El impuesto previsto en el inciso II atenderá a lo siguiente:

III. Podrá ser selectivo, en función de la esencialidad de las mercancías y de los servicios.

lo que la norma pretende. En otras palabras, es fundamental que los individuos comprendan los incentivos que les son dirigidos.

Igualmente, si los bienes o servicios que son tributados con fines extrafiscales informan correctamente esa finalidad, el objetivo será alcanzado eficientemente. De lo contrario, el incentivo será ineficiente, pudiendo no generar las conductas pretendidas o, en el mejor de los supuestos, generarlas más allá de lo pretendido. Eso ocurre porque no existe la debida señalización por parte de la teleología fiscal.

Si los contribuyentes no tienen la información de cuanto se les está imponiendo a título de extrafiscalidad, muy probablemente dicha intención pasará desapercibida o incluso encubierta en el precio del bien o servicio. Una alícuota alta sobre los productos nocivos a la salud, como el cigarro, que no sea debidamente informada a los consumidores simplemente, será encubierta en el precio final del paquete y no generará ningún efecto – supuestamente el efecto de no incentivar el hábito de fumar y sus respectivas consecuencias del costo social para la salud pública. Pensando económicamente, el fumador tendría que percibir que su costo marginal de comprar el cigarro supera el beneficio, causándole una falta de utilidad – lo que generaría el incentivo[31].

En estos casos, la extrafiscalidad por lo menos llega a existir, y la tributación tan solamente será fiscal, puramente recaudatoria. En el ejemplo del cigarro es exactamente lo que ocurre.

---

31 Es claro que el ejemplo es simplista. Es necesario tomar en cuenta la elasticidad de la demanda de ese producto. Determinados bienes tienen mucha o poca elasticidad, lo que significa decir que el aumento o la disminución en los precios podrá generar fuertes o débiles variaciones en la demanda. Para un sujeto que es un fumador habitual, probablemente un aumento, aunque sea sustancial, generará poco efecto en su hábito de consumir cigarrillos. Para otras personas que tengan hábitos mucho más moderados, el aumento del precio puede incentivarlos a fumar menos, por sus restricciones presupuestarias. En ese sentido, el legislador necesita valorar la media de los fumadores en la población, y ese análisis es empírico y necesario para la creación eficiente de la norma jurídica.

3. Beneficios y subsidios fiscales

La misma mano que instituye el tributo concede el beneficio. Una de las causas para que eso ocurra, según la Elección Racional y su aplicación en la Política, la Elección Pública, es semejante a la parábola del "chivo en la sala". La historia tiene muchas versiones, pero la que relataremos quizás sea la más conocida: se cuenta que un indio, un padre de familia que pasaba por serias dificultades, que vivía en una casa muy pequeña cubierta de paja y con muchos hijos, fue a pedir ayuda al cacique de la tribu. Al llegar al lugar, relató su drama y el cacique le dio un chivo y le recomendó que, durante una semana, mantuviese al chivo en su sala y después de eso regresase con el animal para relatar lo que había cambiado en su situación. Al retornar, después de haber transcurrido la semana, el indio contó que no había mejorado en nada, sino, por el contrario, que había empeorado. Su pequeña casa estaba mucho más apretada y también infestada por el mal olor del animal. En síntesis, su vida estaba mucho más difícil que antes. El cacique pidió que dejara el animal y que regresase nuevamente en una semana. Transcurrido el plazo, el padre de familia indígena retornó a la cabaña del cacique, quien le preguntó cómo continuaba su situación. El indio, muy feliz, dijo que su vida y la de sus familiares había mejorado mucho, pues ahora tenían espacio en la casa y se habían librado del mal olor.

La parábola ilustra que "favores" o beneficios provenientes del Estado, principalmente los tributos, difícilmente pueden ser considerados como tal. El mismo Leviatán que crea un complejo y costoso sistema tributario, eventualmente exonera a algunos sectores que son alcanzados por la tributación, ocasionando así una redistribución de la carga tributaria. Es decir, quien asume el costo de los beneficios fiscales obviamente no es el Estado que los concede, sino la propia sociedad.

En lo que se refiere a los subsidios, entendidos como toda forma de "ayuda" concedida por el Estado a alguna clase de contribuyentes, la parábola del chivo se aplica, pues, aunque ella pueda tener ventajas inmediatas como la exoneración, los beneficios y subsidios también pueden perjudicar a toda la sociedad, por medio de la misma ineficiencia distributiva que la tributación genera en el sistema de precios – el peso muerto, conforme se muestra en el gráfico de abajo.

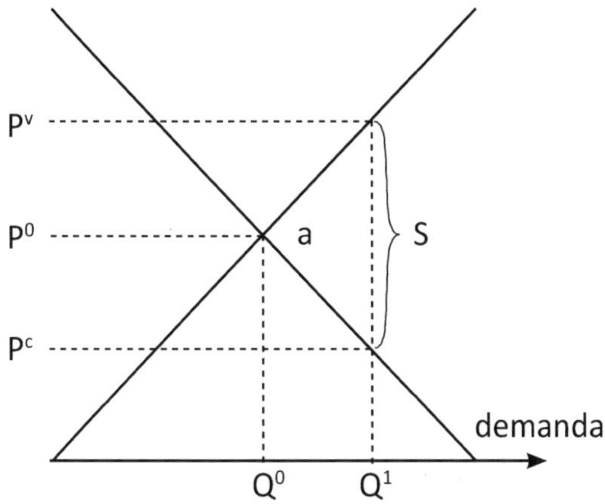

Figura 1. El peso muerto del subsidio.

La figura muestra una situación semejante, aunque sea inversa al gráfico del peso muerto de la tributación. Cuando los subsidios concedidos al productor permiten que el precio al consumidor (P^c) sea menor que el precio que reflejaría el equilibrio en un mercado competitivo (P^o), y la cantidad demandada (Q^1) sea mayor a la que sería en el equilibrio (Q^o), se percibe que los subsidios -entiéndase dinero público- son los que están costeando ese desequilibrio. El costo social es asumido por la sociedad y es ilustrado por el triángulo "a" en el gráfico.

La ponderación racional que debe ser hecha no debería tomar en cuenta los intereses de los grupos de presión, los denominados *Rent-Seekers*, sino el interés de toda la colectividad. En este sentido, el análisis que debe ser empleado es si el retorno posible del subsidio es mayor que su costo social, o, en otras palabras, si hay la eficiencia Kaldor Hicks[32] en el caso específico. El

32 Por el criterio Kaldor Hicks, aunque una de las partes (así como en determinado momento la propia colectividad) salga desfavorable en la decisión, es posible que ella, así como la propia sociedad, sea (potencialmente) recompensada, pues

ejemplo de subsidio que puede alcanzar ese criterio de eficiencia es el empleado en la educación o en la investigación científica, pues eventualmente toda la sociedad podrá beneficiarse de las externalidades positivas creadas por la escolaridad, cultura e innovaciones científicas propiciadas con el dinero público.

4. El tributo "óptimo"

Los economistas de formación neoclásica afirman, de forma consensuada, que los tributos, aunque son necesarios, distorsionan el sistema de precios del mercado. Y distorsionan porque incentivan los comportamientos de los productores y consumidores, alterando el equilibrio entre oferta y demanda.

Si determinados bienes de consumo son tributados y el productor transfiere su costo al precio final, los consumidores pueden optar por consumir menos de aquel bien o sustituirlo por otro en el mercado, si su demanda fuera elástica. La distorsión es causada porque el tributo hace que el consumidor adquiera menos de aquellos bienes, alterando el equilibrio entre oferta y demanda, que ocurre cuando el productor ofrece la cantidad de bienes que los consumidores pretenden adquirir.

Cuando el producto aumenta de precio, la tendencia racional es consumirlo menos (preferencialmente sustituyéndolo por otro más barato). Esto disminuye la cantidad vendida, acarreando el desequilibrio entre las curvas de oferta y demanda. Esta distorsión causa una ineficiencia denominada por los economistas como "peso muerto". Este, a su vez, afecta el excedente del consumidor (la cuantía máxima que el consumidor está dispuesto a pagar menos el precio que él realmente paga) y el excedente del productor (la cuantía máxima que él recibe por el bien menos su costo de producción). La distorsión que el tributo causa se verifica por el peso muerto, disminuidor de ambos excedentes, del productor (que vende menos) y del consumidor (que gasta más).

---

la ventaja social superará el costo social. A pesar que sea una cuestión verificable empíricamente, si una decisión prestigia uno de los principios, por ejemplo, el principio de la libertad de expresión en detrimento del principio de la privacidad, deben ser valoradas las consecuencias que afectarán a las demás personas.

¿Es posible que la tributación sea eficiente al punto de no causar dichos daños? ¿O, por lo menos, razonablemente "menos" ineficiente? En una proposición normativa (no positiva) ¿cómo sería ese tributo "óptimo"? En otras palabras, ¿Un tributo que genere ingresos para el Estado al mismo tiempo en que distorsiona mínimamente el sistema de precios del mercado e incluso atienda los derechos fundamentales del contribuyente?

Para que el tributo alcance esta virtud, necesita cumplir cinco requisitos: 1) Tener una base grande de contribuyentes; 2) reglas simples y objetivas; 3) incidir sobre productos y servicios de demanda inelástica; 4) que sea justo (no viole la isonomía); y 5) tener bajo costo administrativo.

Con la finalidad de exponer un poco el raciocinio económico aplicado al derecho tributario trataré sucintamente de desarrollar cada uno de estos requisitos a continuación.

A) Base grande de contribuyentes

Como el Estado necesita de recursos financieros para proveer servicios a sus ciudadanos, se requieren grandes sumas para costearlo. A pesar que los tributos son cobrados compulsoriamente, eso no significa que los contribuyentes necesariamente cumplirán. La racionalidad maximizadora buscará evitar al máximo los costos que impliquen una falta de utilidad para el individuo -lo que lleva inclusive al problema de la carona (en ingles es Free Rider Problem, un problema de oportunismo, en donde el sujeto se aprovecha del bien producido por otros, sin haber pagado por él), como ya vimos.

Cuando el Estado instituye tributos sobre determinada clase de individuos y, paralelamente, exonera a otras clases, a través de exenciones y beneficios fiscales, está redistribuyendo la carga tributaria. Muchas veces eso no solo es inevitable, cuando el propio legislador anhela utilizar los tributos como medios de redistribución de renta, como es el caso de la técnica de la progresividad. El impuesto sobre la renta progresiva tiene el objetivo de hacer tributar más a los que tienen mayores rendimientos, para que pueda distribuir esa riqueza –en la forma de servicios públicos– con los que obtienen menos rendimientos. Se trata de una forma de justicia fiscal que implica un *trade off*[33] con la eficiencia distributiva de recursos.

Por otro lado, los tributos que son soportados por un gran número de contribuyentes permiten que la carga per cápita sea relativamente baja. Esto no solo tiene el potencial de generar grandes ingresos para el Estado, sino también incentiva el cumplimiento de las obligaciones tributarias. La Curva de Laffer, modelo propuesto por el economista norteamericano, demuestra que en ciertas situaciones, cuanto mayor sea la alícuota de un tributo, mayor será el incumplimiento de su pago. El tributo óptimo estaría en el punto de intersección entre alícuota y su recaudación. Si la alícuota ultrapasa ese punto, según la figura 1 (punto de equilibrio de la tributación óptima- intersección de las rectas en R2 y T2), la recaudación disminuirá, pues existe incentivos para el incumplimiento del pago del tributo.

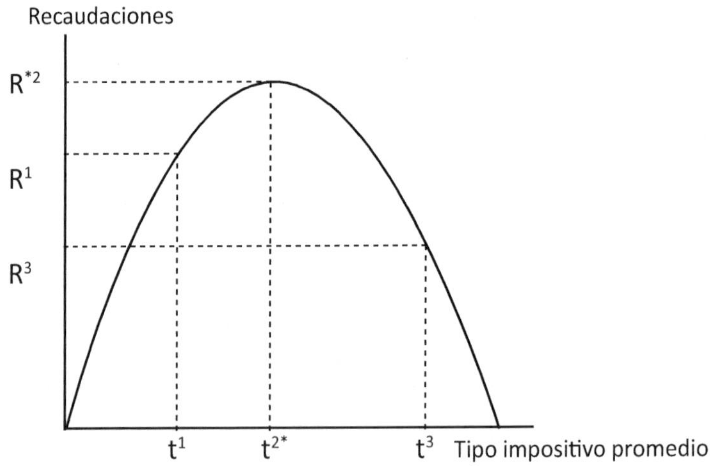

Figura 2. Curva de Laffer.

33 Como muchas otras palabras del idioma inglés, esta palabra es de difícil traducción, prefiriéndose el empleo en el idioma original. "Trade off" significa simplemente "cambio", aunque denota la renuncia que hace el agente al escoger entre una alternativa y otra

B) Reglas simples y objetivas

La información, como muchos otros *comodities* en el mundo, también tiene un costo. Considerando que el sistema jurídico está formado por actos de comunicación que necesitan ser decodificados por sus destinatarios, para que puedan cumplir con los mandatos allí contenidos, es imprescindible que la legislación sea la más clara e inteligible posible. Cuanto más oscura, compleja y confusa fuera, más costo tendrá el ciudadano para comprenderla y, consecuentemente, cumplirla.

Ocurre que la legislación fiscal brasileña, como en tantos otros países del mundo, es copiosa, compleja y, muchas veces, ambigua. La inmensa cantidad de actos normativos emanados por los poderes legislativo y ejecutivo de los entes federativos, incrementándose a ellos las normas judiciales estatales y federales, torna al sistema tributario tan intrincado que simplemente le resulta imposible a un ciudadano, incluso con formación técnica en el área, conocer todas las reglas que lo conforman.

La dificultad en la comprensión y cumplimiento de la legislación fiscal acarrea los denominados costos de conformidad, que implican, a su vez, costos de transacción. Estos costos son aquellos en los que las partes incurren al efectivizar una negociación, y significan costos de búsqueda de información del producto o del negocio (o de la legislación), de transacción y de cumplimiento de las obligaciones en las relaciones jurídicas. Decimos que los costos de conformidad aumentan los costos de transacción porque las obligaciones tributarias principales y accesorias (deberes formales e instrumentales, en el léxico de Paulo de Barros Carvalho) son frecuentemente impedimentos en la consecución de negocios. No solo la dificultad de cumplir con esas obligaciones es enorme, sino que la legislación incluso impone la necesidad de comprobación [por ejemplo, certificaciones negativas (certificado negativo, un comprobante dado por la autoridad fiscal que informa que el contribuyente no debe nada al Fisco –este documento es exigido para varias actividades, como por ejemplo, licitaciones públicas–), recibos de débitos tributarios (documento que comprueba el pago del tributo), libros fiscales, etc.)] de su cumplimiento para las más diversas transacciones que los individuos quieran realizar en el mercado.

Incluso así, es posible instituir tributos que sean regulados por una estructura de reglas simples y objetivas. A continuación veremos que tributo ya atendió a este y a los demás requisitos aquí expuestos.

C) Incidir sobre productos y servicios de demanda inelástica

Como vimos, los tributos son distorsionadores, dado que interfieren en el sistema de precios e incentivan el comportamiento de productores y consumidores desequilibrando el equilibrio entre oferta y demanda. Si el tributo incidiera incluso sobre productos y servicios con demanda inelástica, esto es, de baja sensibilidad para los consumidores para la alteración en los precios, no ocurriría el efecto sustitución y, consecuentemente, no habría ineficiencia distributiva (peso-muerto). Eso ocurre porque los consumidores continuarían consumiendo aquel bien, inclusive con el tributo incorporado en el precio.

D) Que sea justo (no viole la isonomía)

Una de las formas para evitar el efecto-sustitución es instituir el tributo fijo *(lump-sum tax).* Este tributo siempre tiene el mismo valor, no importa sobre que base incida. Es un tributo neutro, dado que no altera el comportamiento del agente racional en su toma de decisión, porque cualquier alternativa escogida por él sufrirá la misma tributación.

El tributo fijo puede implicar, sin embargo, en regresividad. Si el tributo progresivo, como vimos, cumple la función de obtener una mayor cuantía de los más ricos para distribuir a los más pobres, el tributo regresivo acaba, inevitablemente, gravando a aquellos con menor poder adquisitivo. Siendo así, ocurre un *trade off* entre eficicencia e isonomía. Una vez que nuestra Constitución ubica el valor isonomía al nivel del derecho individual, cláusula pétrea que no puede ser abolida ni por enmienda constitucional, se torna inviable la institución del *lump sum tax*.

¿Sería posible conciliar la justicia e isonomía con la eficiencia, o siempre habrá un *trade off*?. Lo veremos enseguida.

E) Tener bajo costo administrativo

La complejidad del sistema tributario no afecta solamente al contribuyente, sino también al propio Estado. Cuanto más complejo sea, mayores serán los costos incurridos en la administración del tributo (por ejemplo, más agentes fiscalizadores para cobrar). Esto nos lleva a un círculo vicioso: si es más costoso administrar el tributo, más recursos serán necesarios para ello. Y ¿De dónde vendrán los recursos? La respuesta, obviamente, será la siguiente: de los tributos pagados por los contribuyentes.

Si el tributo tuviese una forma de cobranza y, especialmente, de fiscalización simple y eficaz, sus costos de administración serían reducidos. La sistemática de responsabilidad tributaria y de retención resuelve parcialmente ese problema.

El sistema fiscal brasileño llegó a tener un tributo que atendía todos estos requisitos, a saber, la Contribución Provisoria sobre Movimiento financiero-CPMF, instituida inicialmente por la ley n. 9.311/96 y extinta a finales de 2007. En cuanto al requisito 1, la CPMF era cobrada a todos aquellos que tenían cuentas bancarias y moviesen sus recursos. Como es difícil que alguien, sea de la clase social que sea (con excepción de aquellos que viven al margen de la sociedad), no tuviese sus recursos depositados en instituciones financieras, la base de contribuyentes era enorme. Y eso permitía la relativa alícuota baja (0,38%).

En cuanto al requisito 2, la CPMF tenía un reglamento extremadamente simple, si es comparada con tributos como el impuesto a la renta, las contribuciones del PIS y de la COFINS y el ICMS estatal. La incidencia era objetiva, había pocas excepciones a ella (por ejemplo, en movimientos entre cuentas del mismo titular, siempre que fuese el único, no incidía el tributo).

En cuanto al requisito 3, por la misma razón que prácticamente todos los ciudadanos tienen cuentas en bancos, es que la demanda por ese servicio es inelástica. No hay un sustituto viable al servicio prestado por las instituciones financieras, lo que es absolutamente imprescindible a sus tomadores.

En cuanto al requisito 4, que deriva del anterior, puede decirse que la CPMF no violaba la isonomía y la justicia fiscal, por ser proporcional y no fija. Cuanto mayores eran los valores movidos, mayor era la incidencia, por cuenta de su alícuota *ad valorem.*

Finalmente, la CPMF era un tributo extremadamente barato y fácil de administrar. La responsabilidad de recaudación era atribuida a las instituciones financieras, a quienes les incumbía retener el tributo y transferirlo a la Unión Federal, y no se incurría en gastos de fiscalización. Era casi imposible que se evada la contribución porque el sistema bancario retenía el tributo.

Lo expuesto arriba refleja cuán necesario es el raciocinio económico en el fenómeno jurídico y, de forma más específica, en el Derecho Tributario. No eran pocos los juristas que en aquel periodo protestaban contra la CPMF, pero, por otro lado, pugnan hasta hoy por la manutención de un sistema arcaico e ineficiente, con verdaderas anomalías como el ICMS, el IPI, la PIS y la COFINS, entre otros, lo que demuestra la carencia de nuestra doctrina en los conocimientos básicos de la Economía aplicada al Derecho.

5. Consideraciones acerca de la tributación, de la justicia y de la eficiencia

La frecuente preocupación por la justicia redistributiva hace que la doctrina jurídica, así como el legislador y el juez, constituyan y apliquen remedios jurídicos con la finalidad de disminuir la "injusticia social".

Los teóricos del Derecho y Economía afirman, casi de forma consensual, que la mejor (o la más factible) solución que envuelve una intervención estatal no es la interferencia, por ejemplo, en contratos firmados entre empresas y consumidores, sino a través de la tributación. Una forma clásica de utilizar la tributación para dicho fin es el impuesto a la renta progresiva[34].

La Economía Neoclásica[35] afirma que la tributación potencialmente causa distorsión en el sistema de precios del mercado y también genera un costo social negativo. La distorsión causada por la tributación (así como por el control de precios) es denominada como "peso muerto".

En el gráfico inferior (figura 1), se puede ver dos situaciones. La primera demuestra una situación de equilibrio entre oferta(s) y demanda(d), con referencia a determinado bien de consumo. La recta vertical se refiere al precio del bien, mientras que la recta horizontal se refiere a la cantidad producida del mismo bien. Se trata de un mercado en perfecta competición, pues no se produce más de lo que la demanda exige. El equilibrio se da en la intersección de las rectas, en q^0 (cantidad del bien producido) y p^0 (precio del bien).

Cuando el Estado instituye algún tributo incidente sobre los cambios económicos, el sistema de precios del mercado sufre un ruido, causando desequilibrio en la oferta y demanda. La segunda situación es ilustrada en el gráfico, después de la institución del tributo: el productor está obligado a transferir el costo de la tributación al precio del bien (p^c), lo que provoca la disminución de la cantidad de bienes demandados[36].

---

34 Luis Kaplow y Steven Shavell, en un celebrado artículo, defienden la redistribución de la renta a través del impuesto a la renta progresivo, como forma menos gravosa para la sociedad. Nicholas Georgakopoulos, por otro lado, defiende la no-redistribución, pues, según él, dicha destinación forzada de recursos incentiva el consumo cuando podría (o debería) incentivar la inversión en la producción. Louis Kaplow y Steven Shavell: "Should legal rules favor the poor? Clarifying the role of legal rules and the income tax in redistributing income." *Journal of Legal Studies.* University of Chicago, 2000. Nicholas L. Georgakopoulos*: Principles and Methods of Law and Economics. Basic Tools for Normative Reasoning.* Cambridge: Cambridge University Press, 2005, pp. 79-89.

35 El paradigma de la Ciencia Económica, paño de fondo del Análisis Económico del Derecho, juntamente con la Economía Neo-institucional y, más recientemente, la línea behaviorista y de las *Social Norms.*

36 No estamos considerando situaciones de demanda elástica.

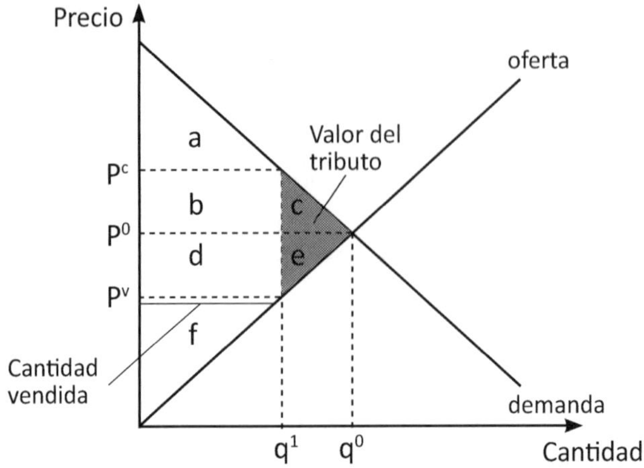

Figura 3. El Peso muerto de la tributación.

Antes de la tributación, el excedente del consumidor (la cantidad que él está dispuesto a pagar por un bien menos lo que efectivamente paga) está representado por la suma de las partes *a, b y c.* A su vez, el excedente del productor (la cuantía que los productores reciben por su bien, menos los costos) está representado por la suma de las partes *d, e y f.*

Después de la tributación (por ejemplo, ICMS sobre la venta de mercaderías), hay una disminución en la cantidad producida/ofertada, por causa, básicamente, del aumento del precio. En el gráfico, pasamos de q^0 para q1. Así, el consumidor pierde (si al mover para P^c, que es la cantidad que puede consumir, dada su restricción presupuestaria) y el productor también pierde (si al mover para P^v, que es la ganancia contable que recibe, después de deducir el costo del impuesto).

El impuesto reduce el excedente del consumidor en (b+c) y del productor en (d+e). El ingreso tributario queda en (b+d) y el peso muerto (pérdida del bienestar total) queda siendo el área (c+e). Económicamente hablando, la variación del excedente del consumidor es $\Delta EC = -b-c$, y la variación del excedente del productor es $\Delta EP = -d-e$, siendo la variación total $\Delta E= -c-e$[37].

37 La elasticidad de la oferta y de la demanda tiene una gran importancia en esa cuestión. No entraremos en ese tema porque es espacio es reducido, pero po-

Esa variación del excedente total, como fue tratado líneas atrás, es el peso muerto, esto es, *el costo que implica en la reducción del bienestar social.* Menos producción y menos consumo, resultando en menos riqueza para la sociedad.

Otro punto interesante que conseguimos ver, a través de este análisis, es el volumen de la recaudación tributaria, representada por TxQ, esto es, el valor del impuesto (T) multiplicado por la cantidad de bienes vendidos (Q).

La conclusión que podemos extraer del gráfico es la siguiente: la tributación muchas veces es nociva, desde el punto de vista económico, esto es, puede generar ineficiencia. Ciertamente ello no hace que se quiera eliminar la tributación, pues el Estado no es posible sin ella, y como este es necesario para proteger derechos individuales, también lo es la tributación (por lo tanto, un mal necesario). Es el precio de la libertad, como enseña Ricardo Lobo Torres[38]. Lo que se desea, desde el punto de vista de la eficiencia económica, es la limitación de la tributación en un punto que no sea inviavilizador de la actividad privada, única generadora de riqueza para la sociedad. De allí la importancia del derecho tributario, principalmente las limitaciones al poder de tributar.

Igualmente, caen por tierra los argumentos pro-elevación de la carga tributaria, algunos fundamentados en expresiones de extrema vaguedad, tales como la "solidaridad social". Sucede que los recursos siempre son mejor administrados por la esfera privada. Cuando los recursos van hacia el Estado, por más buena voluntad que los administradores públicos puedan tener, gran parte de aquellos se pierden en costos de burocracia y administración, teniendo poco retorno para los ciudadanos. El equilibrio entre la justicia distributiva, mejor alcanzada por la tributación, y la eficiencia es algo extremamente delicado y puede ser

---

demos afirmar que cuando la demanda es elástica, el precio puede ser transferido al consumidor, pues él preferirá pagar más y continuar adquiriendo el producto. Cuando la oferta es elástica, el costo es soportado por el productor.

38 *A idéia de liberdade no Estado patrimonial e no estado fiscal*, p. 3.

analizado y mejor alcanzado a través de la conjunción entre las Ciencias del Derecho Tributario y la Economía.

6. Una cuestión de principio

El tema de los principios fue exhaustivamente abordado por nuestra doctrina. Innumerables libros, artículos y conferencias fueron realizados sobre este tema, siempre a la luz de la doctrina jurídica más ligada a la Filosofía del Derecho, como, por ejemplo, Robert Alexy[39] y Ronald Dworkin[40].

A pesar que la contribución de los autores arriba referidos (así como la de otros) sea inestimable, muchas veces tiende a perderse en discusiones filosóficas de poca aplicación práctica. Entiendo que la Economía ofrece instrumentos precisos y pragmáticos para analizar y predecir los resultados provenientes de las decisiones que tienen por fundamento principios. Y las conclusiones provenientes de la aplicación de esas herramientas puede (y debe) tener influencia en las propias elecciones de los aplicadores del derecho, que resultarán en las reglas decisorias.

Pero ¿Qué son principios? y finalmente ¿Cuál es la diferencia entre principios y reglas?

Los denominados principios son enunciados, explícitos o implícitos, que buscan traducir en lenguaje normativo valores morales, políticos y sociales que el legislador constituyente entendió es el núcleo duro del sistema jurídico. Se refieren tanto a derechos y garantías fundamentales, principalmente los de naturaleza negativa (libertad de expresión, libertad económica, etc.), como los instrumentos de solución de lagunas y antinomias jurídicas.

En la dinámica normativa, de autoconstrucción constante del sistema por sus operadores, los principios son también *ar-*

---

39 De Robert Alexy: *Teoría de los Derechos Fundamentales*. Madrid: Centro de Estudios Constitucionales, 1997. Trad. de Ernesto Garzón Valdés.

40 De Ronald Dworkin: *Taking Rights Seriously* (Cambridge: Harvard University Press, 1997), *A Matter of Principle* (Oxford: Oxford University Press, 1985).

gumentos. Como argumentos, son utilizados tanto por las partes en un litigio, como por el juzgador. En la solución de *Hard Cases*, los principios funcionan como la válvula de escape del ordenamiento jurídico, dado que permiten que se pueda solucionar un caso concreto que carece de regla, sin que se instaure una crisis sistémica.

Un detalle importante de esta consideración es que los principios jamás son aplicados directamente a ninguna situación, tan solo las reglas lo son. Mientras que las reglas son verdaderamente mandatos que obligan, prohíben o permiten, los principios sirven como fundamento axiológico y justificativo de la aplicación de las reglas. En este sentido, los principios sirven como guías para la aplicación de las reglas.

Si un juez al sentenciar en un proceso, por ejemplo, un Mandato de Seguridad (*Writ of Mandamus*), y decidir en favor del contribuyente, fundamentando la decisión como principio de capacidad contributiva, no estará aplicando esa norma directamente en la situación, pues su generalidad no lo permite. La regla será una norma individual y concreta, en la cual determinará que el Fisco no cobre el tributo al contribuyente, pues dicho acto estará hiriendo su derecho líquido y cierto protegido por el ordenamiento jurídico. Cabe decir que lo mismo se aplica a las reglas constitucionales tales como la estricta legalidad, la irretroactividad, anterioridad o las inmunidades. Su carácter genérico hace que sirvan como argumentos, algunos de mayor objetividad (reglas constitucionales), algunos con menos objetividad (principios constitucionales).

Utilizando el gráfico de la teoría de la elección del consumidor aplicado al Derecho, específicamente a la cuestión de las posibles elecciones resultantes en reglas, se partirá a la ponderación de los principios. Pasa a ser una elección del aplicador, donde este tiene dos principios o derechos fundamentales en conflicto en el caso concreto. Por ejemplo, el derecho a la privacidad y el derecho a la libertad de expresión. Dependiendo del caso, podrá extraer diversas soluciones (reglas) a partir de la combinación de los principios.

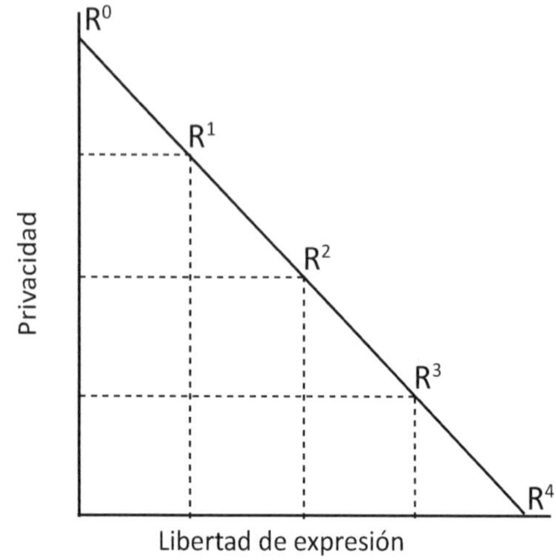

Figura 4. Gráfico de Principios y reglas.

Todas las intersecciones entre los dos vértices son posibles reglas. Hay situaciones, particularmente en el derecho tributario, en las que no es posible atender los dos valores simultáneamente, a partir de concesiones y ajustes entre las partes. O se atiende integralmente un principio o se atiende al otro. Las soluciones extremas son denominadas, por los economistas, como *soluciones de esquina)*[41].

En un conflicto entre, por ejemplo, los principios de libre ejercicio al trabajo (o libre iniciativa) y la libre competencia, y no habiendo posibilidad de conjunción de los valores ejemplificados,

41 La solución de esquina ocurre cuando la tasa marginal de sustitución de un consumidor no se iguala entre los precios en ningún nivel de consumo (Pindick y Rubinfeld, *Microeconomía*, p. 85). La curva de indiferencia representa una solución de esquina. En otras palabras, aunque el precio de un bien disminuya, el consumidor continuará adquiriendo solo uno de los bienes, empujando la curva de indiferencia hacia una de las esquinas del gráfico. El individuo puede optar por no consumir determinada mercancía por diversas razones (morales, religiosas, precio del bien, etc.) y la variación en el precio no causará diferencia en la preferencia del consumidor.

como suele acontecer en el derecho tributario[42], la solución tendrá que ser la de esquina, conforme el gráfico de abajo (figura 5).

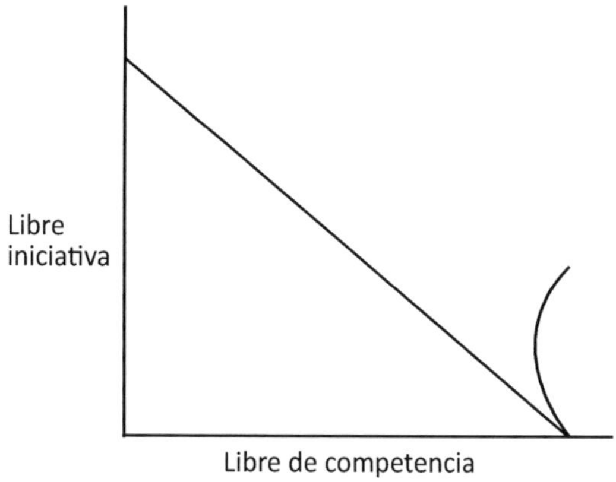

Figura 5. Solución de esquina.

En cuanto al argumento de la generalidad referida líneas atrás, el mismo podría servir muy bien para cualesquier reglas generales y abstractas, tales como las civiles, penales, tributarias, administrativas, etc. Siempre que el aplicador se depare con un hecho que se subsuma a la regla general, debe constituir una regla concreta que aplique el contenido de aquélla al caso concreto. Su campo de elección se torna diminuto o incluso nulo, dependiendo del caso.

Como vimos en los gráficos de páginas anteriores, hay situaciones en las que es excesivamente difícil decidir por una u otra solución del caso, considerando el conflicto entre principios jurídicos. Considerando que no hay jerarquía entre principios constitucionales, o grados de generalidad/especificidad y

42 Dada la estricta legalidad que rige el sistema tributario. Si por un lado, este protege al contribuyente, por otro, deja de manos atadas a los aplicadores. Si hubo hecho generador, debe ser el tributo. Al mismo tiempo, si hay por un lado la no obligación de pagar el tributo (por ejemplo, por decisión que declara la inconstitucionalidad) y de otro, la obligación de pagarlo (por ejemplo, por decisión que afirma la constitucionalidad), no es posible aplicar una solución intermediaria, salvo si hubiera una ley expresa que lo autorice. La transacción tributaria, una vez instituida, sería una forma de llegar a esas soluciones extremas.

tampoco cronología en su legislación (regla posterior revoca la anterior), soluciones usuales para dirimir conflictos entre reglas antinómicas, se deben emplear otras herramientas de decisión. Y es en estas situaciones que el Análisis Económico del Derecho contribuye mucho.

6.1. Elecciones y renuncias

Cada vez que tenemos que actuar, inevitablemente optamos por una o más alternativas que se nos presentan. Y, siempre que optamos por una de las posibilidades, excluimos a las demás, por lo menos en relación a aquel momento específico. Y lo hacemos a través de nuestra racionalidad.

La racionalidad o razón permite que el individuo pueda efectuar elecciones consistentes, conforme fue visto arriba. Sin embargo, como dice el aforismo: *para cada elección, una renuncia.* Siempre que el individuo opte por un alternativa, excluye a las demás. El término económico para esa elección/renuncia es *trade off*, una elección que implicará también un *costo de oportunidad.*

El costo de oportunidad, por su parte, es el costo en el que incurre el individuo por dejar de haber escogido la segunda mejor alternativa. Por ejemplo, si Juan tiene la alternativa de estudiar en el exterior o continuar con su empleo, y opta por estudiar, su costo de oportunidad será el salario que dejará de percibir por no estar trabajando.

Las elecciones efectuadas por el agente racional se basan en preferencias personales, siendo que esas preferencias, a su vez, son jerarquizadas con base en los valores de cada individuo. Si Juan opta por estudiar en el exterior, es porque esa opción tiene más *utilidad*, esto es, él valora más su formación personal que el empleo presente.

Cualquier acción tomada por el individuo requiere, como condición necesaria, una elección entre las alternativas que tenía en el momento, de acuerdo con la cantidad de información que él disponía. Esta elección que motivó la acción acarreará, por su parte, toda una gama de nuevas alternativas de acciones a ser tomadas. De la misma forma que en el juego de ajedrez, cada jugada abre toda una nueva gama de posibilidades. Lo mismo acontece con nuestra vida, desde las situaciones más comunes hasta las más relevantes.

En el contexto jurídico, cada elección del destinatario o del aplicador del derecho también puede acarrear *trade offs* y consecuentes costos de oportunidad. Si el contribuyente decide pagar sus tributos o no pagarlos, dicha elección podrá darse por principios morales, como también, por una valoración "costo *vs* beneficio", mediante el análisis de los "precios" que la sanción correspondiente le acarreará.

El juez, por otro lado, al aplicar una regla al caso concreto a partir de principios que estén en conflicto, también tendrá que optar por uno de ellos[43]. Y esa opción generará un costo de oportunidad: el costo de la segunda mejor solución que podría haber sido adoptada.

6.2. Las externalidades

El juez, al tener que decidir sobre qué principio debe preponderar, debe tomar en cuenta las externalidades implicadas

---

43 Como fue el reciente caso de la fábrica de cigarrillos American Virginia, juzgado por el Supremo Tribunal Federal (AC-MC n. 01.657/RJ, Relator Ministro Joaquim Barbosa. Relator de la decisión: Ministro Cezar Peluso. Juicio 27/06/2007. Órgano juzgador: Tribunal Pleno. Publicado el 30/08/2007. Disponible en www.stf.jus.br). Los principios del libre-ejercicio del trabajo y de la libre competencia estaban en conflicto: si la fábrica fuera prohibida de operar debido a la falta de pago de tributos, se podría estar violando el principio del libre ejercicio del trabajo. Por otro lado, si la fábrica estuviese autorizada para operar, estaría en ventaja competitiva desleal sobre los otros competidores en el Mercado. Todos los votos de los Ministros abordaron el referido conflicto y, por mayoría, el STF decidió por mantener la prohibición. El costo de oportunidad aquí son los empleos directos e indirectos generados por la fábrica. Pero, no será la recaudación tributaria, puesto que ella no pagaba tributos de cualquier forma. (AC-MC 1657/RJ- Río de Janeiro. Medida Cautelar en Acción Cautelar Relator(a): Min. Joaquim Barbosa Relator(a) p/ Sentencia: Min. Cezar Peluso Juicio: 27/06/2007. Órgano Juzgador: Tribunal Pleno. DJe-092. Divulgado el 30-08-2007. Publicado el 31-08-2007. Disponible en www.stf.gov.br).

en el caso. Aunque el caso concreto sea un litigio entre determinados sujetos de derecho, habiendo externalidades, los terceros serán afectados por la decisión. Un ejemplo reciente de preocupación con externalidades es el requisito de admisibilidad del recurso extraordinario[44], la denominada cláusula de *repercussão geral*,[45] instituida por la enmienda Constitucional n. 45/04 (que alteró el artículo 102, de la CF)[46] y regulada por la ley n. 11.418/06 (que incrementó los dispositivos del Código Procesal Civil)[47]. La ley habla expresamente de "cuestiones relevantes desde el punto de vista económico,

---

44 Se trata de un recurso hecho a la Suprema Corte brasileña, cuando la cuestión envuelve algún aspecto de la Constitución.

45 La *repercussão geral* es un requisito de admisibilidad del recurso extraordinario ante el Supremo Tribunal Federal de Brasil. Fue incluido en el ordenamiento jurídico brasileño por la Enmienda Constitucional n. 45 del 2004, conocida como la "Reforma del Poder Judicial". El objetivo de esta herramienta es posibilitar que el Supremo Tribunal Federal seleccione los Recursos Extraordinarios que analizará, de acuerdo con los criterios de relevancia jurídica, política, social o económica.

46 Art. 102. § 3º. En el recurso extraordinario, el recurrente deberá demostrar la *repercussão geral* de las cuestiones constitucionales discutidas en el caso, en los términos de la ley, con la finalidad de que el Tribunal examine la admisión del recurso, solamente pudiendo rechazarlo por la manifestación de dos tercios de sus miembros." (NR).

47 Art. 2º. La Ley n. 5.869, de 11 de enero de 1973 – Código Procesal Civil, pasa a vigorar con el incremento de los siguientes arts. 543-A y 543-B:

"Art. 543-A . El Supremo Tribunal Federal, en decisión firme, no conocerá del recurso extraordinario, cuando la cuestión constitucional versada en él no ofreciera *repercussão geral*, en los términos de este artículo.

§ 1ro. Para efecto de la *repercussão geral*, será considerada la existencia, o no, de cuestiones relevantes desde el punto de vista económico, político, social o jurídico, que ultrapasen los intereses subjetivos de la causa.

§ 2do. El recurrente deberá demostrar, en las pretensiones de la admisión del recurso, para la apreciación exclusiva del Supremo Tribunal Federal, la existencia de la *repercussão geral*.

§ 3ro. Habrá *repercussão geral* siempre que el recurso impugnara una decisión contraria a la "*súmula*" (criterio reiterado mayoritario de las cortes) o jurisprudencia dominante del Tribunal.

§ 4to. Si la Corte decidiera por consideración de la *repercussão geral* del asunto con un mínimo de 4 (cuatro) votos, quedará dispensada la remisión del recurso al Plenario.

político, social o jurídico, que ultrapasen los intereses subjetivos de la causa". Nada más, nada menos que externalidades.

En síntesis, tratándose de principios, es decir, de justificaciones para la solución de casos difíciles, las consecuencias deben ser valoradas. Y, entre las diversas herramientas económicas disponibles para valorar esas consecuencias, se encuentra la Teoría de la Elección Racional.

6.3. Deberes instrumentales y formales, costos de conformidad y principio de no confiscatoriedad

Las reglas que meramente imponen la abstención de una conducta al individuo, como es el caso de la mayoría de las reglas penales, no generan costos. Para que un sujeto cumpla con el mandato implícito en la sanción penal del homicidio (artículo 121 del Código Penal), basta no hacer nada.

No hay ningún costo para abstenerse de cumplir con una conducta tipificada por el derecho penal[48].

Mientras que el *derecho penal* está formado básicamente por reglas secundarias[49], esto es, por sanciones que imponen la ejecutabilidad estatal (*Enforcement*) cuando se realice un ilícito[50], el *derecho tributario* está formado primordialmente por reglas primarias, dispositivas de conductas, que imponen obligaciones pecuniarias a sus destinatarios.

Para que los contribuyentes puedan cumplir con las imposiciones de esta naturaleza, no basta que se abstengan de rea-

48 Hay excepciones, como, por ejemplo, la obligatoriedad de prestar socorro, implícita en la sanción por omisión de socorro, agravante del homicidio culposo (art. 121, §4°).

49 Hans Kelsen, el famoso juspositivista austríaco, en su obra Teoría Pura del Derecho, tomaba a la sanción como una norma primaria, porque confería una gran importancia a la coactividad jurídica. En su última obra, Teoría General de las Normas, invirtió la clasificación, colocando las disposiciones de conducta como normas primarias y las sanciones como normas secundarias

50 Cf. Paulo de Barros Carvalho, *Direito Tributário. Fundamentos jurídicos da incidência*, p. 34.

lizar conductas. *Por el contrario, necesitan realizar una serie de acciones para que puedan cumplir con sus obligaciones tributarias.*

Aunque el núcleo del sistema tributario sea de hecho el instituto "tributo", esto es, las reglas tributarias en sentido estricto, podemos afirmar que estas no bastan. Para que el contribuyente pueda cumplir sus obligaciones con el fisco tiene también que cumplir con determinadas reglas concernientes a la fiscalización y recaudación de los tributos (Paulo de Barros Carvalho[51] denomina a estas reglas *deberes instrumentales y formales*[52]). Dentro de estas reglas, se encuentran, por ejemplo, las declaraciones de todo tipo (declaraciones de impuesto a la renta, guías de información y recaudación del ICMS, etc.), así como registros en los libros fiscales de la empresa y emisión de comprobantes de pago.

Ocurre que no son solo los tributos propiamente dichos los que generan costos para el contribuyente, es decir, alcanzan su capacidad contributiva. Los deberes instrumentales, aunque sean obligaciones de hacer y no obligaciones de dar (a pesar que su incumplimiento usualmente genere multa), implican costos para su cumplimiento. Son los denominados "costos de conformidad[53]".

Brasil, infelizmente, es el campeón mundial en estos costos. En el informe del *Doing Business 2011* del Banco Mundial,

---

51 *Curso de Direito Tributário*, p. 153.

52 Lo que el Código Tributario Nacional (art. 113) denomina como "obligaciones accesorias".

53 Aldo Bertolucci fue pionero al abordar la problemática de los costes de conformidad, en su tesis de maestría (Una contribución al estudio de la incidencia de los costos de conformidad a las leyes y disposiciones tributarias: un panorama mundial e investigación de los costes de las compañías de capital abierto en Brasil. FEA, 2003), defendida en la Facultad de Economía, Administración y Contabilidad de la USP. Según el autor, son costos de conformidad las obligaciones, a saber, las declaraciones relativas a impuestos, informaciones al fisco federal, estatal y municipal, inclusiones y exclusiones realizadas por determinaciones de las normas tributarias, atención a fiscalizaciones, alteraciones de la legislación, actuaciones y procesos administrativos y judiciales.

aunque Brasil tenga una de las mayores cargas tributarias entre los países en desarrollo, lo más preocupante, en el estudio, es el referido grado de burocracia existente en el país. Según el informe, nada menos que 2.600 horas anuales son necesarias, en regla, para que una empresa cumpla con sus obligaciones tributarias, colocando al Brasil en el primer lugar. El país está en el primer lugar en el *Ranking* de los más lentos y difíciles de cumplir con las obligaciones fiscales, siendo seguido inmediatamente por verdaderas "potencias" económicas, Bolivia y Vietnam.

El Perú, por su parte, se presenta como un país con un sistema tributario significativamente más racional en comparación con Brasil, pues sus contribuyentes necesitan de solo 380 horas anuales en regla para cumplir con sus obligaciones tributarias.

¿Cuál es la relación de los costos de conformidad con la cuestión del confisco tributario?

El principio de no confiscatoriedad es enunciado por el artículo 150, IV de la Constitución Brasileña, que prohíbe a los entes federativos de "utilizar el tributo con efecto de confiscatoriedad". Eso significa que, puesto que la Constitución protege el derecho de propiedad (art.5°,XXII[54]), el Estado no puede utilizar subterfugios (como, por ejemplo, la tributación) para apropiarse de lo que es del particular.

La doctrina acostumbra valorar el eventual efecto confiscatorio solo a la luz de las reglas tributarias en sentido estricto, esto es, los tributos. Sin embargo, dada la enorme cantidad de deberes instrumentales existentes en nuestro sistema tributario, es imperativo el examen de los costos de conformidad brasileños. La posibilidad de violación del principio de no confiscatoriedad debido a estos costos es una posibilidad real.

54 Art. 5°
XXII. Está garantizado el derecho de propiedad .

6.4. Deberes instrumentales, sanciones políticas y el principio de la libre iniciativa

El problema de las externalidades, como ya fue visto líneas atrás, es una de las denominadas fallas de mercado, es decir, aquellas situaciones en las que supuestamente la homeostasis o "mano invisible" no es lo suficiente para corregir desvíos del sistema económico.

Arthur Pigou, innovador economista inglés, en primer lugar identificó la cuestión del costo social diferenciado del costo privado, es decir, el costo que la sociedad asume/soporta debido a las externalidades, muchas veces no internalizadas en los costos de los agentes al efectuar cambios económicos.

La solución dada por Pigou fue justamente la imposición de tributos, como forma de desincentivar las externalidades. Así, por ejemplo, en el caso de las fábricas, que tributarían por la contaminación que causasen, sirviendo entonces para internalizar esas externalidades negativas, corrigiendo dichas fallas de mercado.

Ronald Coase, algunas décadas más tarde, escribió un artículo que vendría a originar el moderno Análisis Económico del Derecho así como conferirle el Nobel de Economía: *The Probem of Social Cost* (El problema del Costo Social). La solución de Coase para resolver el problema de las externalidades fue focalizar la solución no propiamente en ellas, en el sentido de eliminarlas a través de incentivos producidos por la tributación, como lo hizo Pigou. El centro estuvo en los denominados *Costos de Transacción*.

Los costos de transacción no hacen referencia al costo de las mercaderías, bienes y servicios en sí mismos, sino a los costos de la propia transacción. Por ejemplo, un producto cualquiera como un libro raro, puede tener un precio "X". Pero, si para adquirirlo tuviera que dar la vuelta al mundo o pasar días convenciendo a su propietario para que me lo venda, es evidente que el precio real del libro será de "X+Y", siendo "Y" el costo de toda la transacción necesaria para la compra[55].

Así, para Coase, si los costos de transacción fueran nulos y las partes pudieran realizar transacciones para compensarse mutuamente, podrán solucionar las externalidades generadas, siendo esas no causadas por una de las partes, sino por la elección de ambas partes. En ese sentido, no tiene importancia cómo están distribuidos los derechos de propiedad o quien tiene el derecho en primer lugar (por ejemplo, los moradores o la fábrica), pues no habiendo costos de transacción, la transacción llevará a una solución eficiente. La fábrica puede adquirir, mediante compensación a los moradores, su derecho a contaminar. O los moradores podrán comprar el derecho al aire puro, compensando a la fábrica. El resultado será eficiente, económicamente.

La solución de Coase, posteriormente denominada por otros economistas como "Teorema de Coase", puede ser enunciada de la siguiente forma (en una de sus versiones simplificadas):

DERECHOS DE PROPIEDAD DEFINIDOS Y OBJETIVOS
+
COSTOS DE TRANSACCIÓN BAJOS
=
EFICIENCIA ECONÓMICA

Es cierto, no obstante, que un escenario de costos nulos de transacción no tienen correspondencia en la realidad. Coase, como es habitual entre los economistas, se sirve de un modelo para explicar un determinado fenómeno. Se podría decir que los costos de transacción nulos son una *ficción heurística*, esto es, un instrumento que, a pesar de no tener correspondencia en el mundo real, cumple la función de explicar

---

55 Para profundizar en el estudio de este tema, ver la obra "The Economics of Transaction Costs", obra organizada por Oliver Williamson e Scott E. Masten (Northampton: Elgar Critical Writings Reader, 1999)".

determinada porción de la realidad social, aunque sea por una lógica contrafactual. A partir del modelo, se perciben las fallas en el sistema real.

Incluso así, es necesario que los costos de transacción sean bajos, lo que, infelizmente, no ocurre en Brasil. La burocracia estatal es enorme, implicando efectos también en la relación Estado-contribuyente, conforme ya vimos en el tópico anterior. Los costos de conformidad, así como las constantes sanciones políticas impuestas por el Estado, tienen el efecto de aumentar los costos de transacción, retardando el mercado[56]. Gran parte del enorme tiempo necesario para abrir o cerrar una empresa se debe a las obligaciones tributarias, y eso tiene un efecto directo en la actividad privada[57]. Como si eso no bastase, el Estado se sirve de las denominadas sanciones políticas, esto es, las formas indirectas de constreñir al contribuyente a pagar tributos.

No se puede olvidar que la Constitución Brasileña eligió la libre iniciativa como uno de los pilares de la República:

> *"Art. 1º. La República Federativa de Brasil, formada por la unión indisoluble de los Estados y Municipios del Distrito Federal, se constituye en un Estado Democrático de Derecho y tiene como fundamentos:*
>
> ...
>
> *IV. Los valores sociales del trabajo y de la libre iniciativa.*

El artículo 170, párrafo único, de la Constitución Federal también enuncia: "Se les asegura a todos el libre ejercicio de cualquier actividad económica, independientemente de la

---

56 Por ejemplo, la dificultad de obtención de necesarios certificados negativos para que una empresa pueda competir en licitaciones u obtener financiamientos es muy enorme.

57 Una fusión o adquisición entre empresas puede demorar mucho más de lo necesario, o muchas veces hasta ser inviabilizada por causa de eso. Cualquier profesional que ya enfrentó una auditoría legal (*due diligence*) tributaria sabe de eso.

autorización de los órganos públicos, salvo en los casos previstos en ley".

También se percibe que el sistema tributario real, repleto de costos de conformidad y generador de inmensos costos de transacción, se encuentra en disconformidad con los comandos constitucionales[58],[59]. Y, siendo así, cabe accionar ante el poder judicial, para que entonces libere al particular de tales violaciones a sus derechos fundamentales.

7. Elecciones estratégicas: la teoría de los juegos

La elección de un individuo, en el proceso de toma de decisiones racionales, frecuentemente depende o es influenciada por la elección de otro. Si el agente racional escoge tomando en cuenta las elecciones potenciales o concretas de terceros, se dice que *actúa estratégicamente*. Herbert Gintis[60] en seña que la teoría

---

58 Aunque la cláusula "salvo en los casos previstos en ley" tenga el efecto de neutralizar la supuesta libertad negativa asegurada por el enunciado, en el sentido de liberar al particular de una previa autorización de los órganos públicos para ejercer su actividad, el Supremo Tribunal Federal prohibió la intervención estatal como una forma de presionar al contribuyente a saldar su pasivo fiscal, conforme el RE 413.782:

"En síntesis, la legislación local somete al contribuyente a la excepción de emitir comprobantes de pago individualizados, cuando se encuentre en débito con el fisco. Considero conflictuante, según la Carta de la República, el procedimiento adoptado. (...) La ley estatal contraría, por lo tanto, los textos constitucionales evocados, es decir, la garantía del libre ejercicio del trabajo, oficio o profesión –inciso XIII del artículo 5º de la Carta de la República– y de cualquier actividad económica, párrafo único del artículo 170 de la Constitución Federal". (RE 413.782, voto del Min. Marco Aurélio, Diario de Justicia, 03/06/05).

El Supremo Tribunal inclusive ya profirió súmulas con dicho entendimiento, en las antiguas súmulas 70 y 437, que hacen referencia, respectivamente:

Súmula 70: Es inadmisible la prohibición de establecimiento como medio coercitivo para el cobro de tributo.

Súmula 547: Es ilícito que la autoridad prohíba que el contribuyente en débito despache mercancías en las aduanas y ejerza sus actividades profesionales.

59 Como por ejemplo, los derechos fundamentales a la libre iniciativa, libertad económica y propiedad.

60 *The Bound of Reason. GAME THEORY AND THE UNIFICATION OF THE BEHAVIORAL Sciences*. Princeton: Princeton University Press, 2009.

de los juegos es una teoría de la decisión de múltiples jugadores, en la cual las elecciones de cada jugador afectan las ventajas del otro, y los jugadores consideran eso al escoger y actuar.

Un jugador de ajedrez, un boxeador o un general de un ejercicio actúan buscando anticiparse a lo que harán sus oponentes. De la misma forma, en las interacciones negociales, sociales y jurídicas, los individuos frecuentemente toman en cuenta las elecciones de los otros al decidir cómo actuar.

Determinada industria tomará en cuenta los precios de sus competidores al fijar el precio de sus productos. Para invitar a alguien a algún evento social se deberá tomar en cuenta si habrá reciprocidad en los futuros eventos realizados por el invitado. Para plantear una acción judicial se debe tomar en cuenta cómo los abogados del demandado actuarán en el curso del litigio. En todas estas situaciones, el actuar estratégico es fundamental, si el agente busca maximizar su utilidad, es decir, alcanzar el resultado pretendido.

Sea cual sea la situación estratégica, o, más simplemente, *el juego*, algunos caracteres se harán presentes. Por ejemplo, un juego puede involucrar a dos jugadores (como el ajedrez), o a varios (como el fútbol). Puede también tener cantidad indefinida (como un mercado cualquiera). Denominaremos a los individuos, en este contexto estratégico, como jugadores.

Las acciones de los jugadores pueden ser simultáneas o sucesivas, así como los jugadores pueden tener información sobre el comportamiento del oponente o no. Además de eso, los jugadores también pueden tener información de las ventajas (*pay offs*) disponibles si ganaran la disputa, así como también pueden desconocerlas.

Todas las combinaciones de esas características forman una extensa variedad de situaciones estratégicas reales de la vida modeladas en juegos. Considerando que los agentes son racionales, sean ellos comerciantes, esposos, contribuyentes o jueces, buscarán siempre alcanzar la mayor ventaja, esto es, el resultado que maximice más su utilidad.

La teoría de los juegos, como todas las teorías, es una simplificación de la realidad. Como recuerdan Baird, Gertner y Picker, en su productiva obra sobre Teoría de los Juegos aplicada al derecho[61], el test de cualquier modelo científico debe considerar el apelo a nuestra intuición iluminando las fuerzas primordiales que operan sutilmente en las situaciones interaccionales reales. En ese sentido, no es necesario introducir en el modelo todas las vicisitudes y detalles que acompañan la complejidad del día a día en la realidad, sino tan solo sus elementos fundamentales de interacciones sociales, jurídicas y económicas, que en mucho recuerdan la estructura de simples juegos.

Richard Posner[62] es sagaz cuando enseña lo siguiente: mientras que los críticos de la teoría de la elección racional viven identificando los defectos en los axiomas de la racionalidad instrumental, la teoría de los juegos va mucho más allá. En ella se asume que los individuos, en interacción estratégica, no solo son racionales, sino hiperracionales, principalmente en juegos de información completa.

Innumerables circunstancias de la vida real envuelven situaciones estratégicas -básicamente siempre que actuamos tomando en cuenta cómo actuarán los terceros, estamos pensando estratégicamente. Puesto que muchas de esas situaciones son reguladas por ley, así como implican consecuencias jurídicas, la relación entre la teoría de los juegos y el derecho positivo (así como la Ciencia Jurídica) aparece de forma innegable.

¿Cómo el legislador puede valerse de conceptos estratégicos de la teoría de los juegos para incentivar mejor la conducta humana? Principalmente por medio de una eficiente positivación de los *pay offs* ofrecidos en las interacciones subjetivas, es decir, de las sanciones provenientes de cada elección individual.

7.1. Dilema del prisionero y el equilibrio Nash

Uno de los pilares de la teoría de los juegos es el célebre "dilema del prisionero", que envuelve un juego estático (o simultáneo) de información completa.

61 *Game Theory and the Law.* University of Chicago Press, 1994.

62 *Economic Analysis of Law*, p. 21.

En este clásico juego, dos acusados de ser cómplices en un delito son mantenidos aislados, sin ninguna posibilidad de comunicarse. Al ser interrogados por separado, tanto al prisionero Antonio y a la prisionera Beatriz se les ofrecen las siguientes alternativas:

1) Si ambos confiesan el delito, serán sentenciados a 5 años de prisión;

2) Si ambos niegan el delito, serán sentenciados a un año de prisión (porque el oficial sólo conseguirá probar un delito de menor importancia).

3) Si uno confiesa y el otro niega, de acuerdo con el oficial, se dará la siguiente situación: aquel que hubiera confesado quedará libre y el que hubiera negado recibirá diez años de prisión.

Las opciones presentadas a cada uno de los "jugadores" son confesar o negar la autoría del delito. Veamos ahora la matriz del juego:

		Beatriz	
		confiesa	niega
Antonio	confiesa	5,5	0,10
	niega	10,0	1,1

Figura 6. Dilema del prisionero.

En la matriz anterior, típica forma de leer los juegos, los posibles resultados aparecerán de la siguiente forma (los *pay offs* de Antonio se encuentran a la izquierda y los de Beatriz, a la derecha):

Antonio necesita decidir si confiesa o niega la autoría del delito. Como se trata de una situación estratégica, el escogerá tomando en cuenta cómo Beatriz escogería, dados los *pay offs* conocidos. Por tanto, si Beatriz confesara, Antonio necesita decidir cuál será la mejor opción para él. Observando la matriz, el mejor *pay off* (menos años de prisión) es confesar también (cinco años). Por otro lado, si Beatriz negará, la mejor opción para Antonio continúa siendo confesar (cero años o libertad).

Beatriz, a su vez, enfrenta las mismas elecciones. Si Antonio confiesa, es mejor confesar (cinco años) que negar (diez años de prisión). De la misma forma, si Antonio negara, la mejor opción para Beatriz continúa siendo confesar (cero años o libertad).

La opción más racional (por tanto maxificadora, dada la posible elección del otro), para ambos jugadores, será siempre confesar. Se dice que dicha estrategia es *dominante*, en el ámbito de la teoría de los juegos. El resultado es que ambos acabarán confesando y purgando cada uno cinco años de condena (conforme se ve en los *pay offs* sombreados en la matriz).

El lector más atento percibirá una aparente inconsistencia aquí. ¿Cómo conciliar la racionalidad con el resultado de ese juego, en el cual los prisioneros acaban optando por la elección que no maximizó sus utilidades (cinco años de prisión en vez de solo un año, o asimismo ninguno)?

Ocurre que no siempre la elección individual maximizadora, dadas las circunstancias, acaba convirtiéndose en el mejor resultado para el grupo. Dicho resultado es denominado "equilibrio de Nash", por causa del matemático norteamericano John Forbes Nash quien lo formalizó en 1951. En el dilema del prisionero ilustrado arriba, el equilibrio de Nash se encuentra en el cuadro superior izquierdo (5,5) cuyo resultado es subóptimo si es comparado con el cuadro inferior derecho (1.1). Sin embargo, la elección de cada uno de los prisioneros fue la mejor posible, por tanto *plenamente racional,* tomando en cuenta la elección probable (según el juicio de cada uno de ellos) del otro[63].

63 Se deben tomar en cuenta otras posibles salidas para el dilema. Por ejemplo, si fuese posible, de alguna forma, que los prisioneros se comuniquen y si hubiese confianza entre ellos, el resultado podría haber sido el Óptimo de Pareto:

Hay situaciones en las que existe más de un equilibrio de Nash, así como hay situaciones en las que no hay ninguno. Sea como sea, pasa a ser una tarea del legislador construir estructuras de sanciones que incentiven a los individuos a escoger de modo que atienda mucho mejor a los objetivos jurídicos, de la misma forma que los jueces necesitan comprender cómo sus decisiones en casos concretos pueden igualmente establecer *pay offs* para las demás personas en una sociedad.

El dilema del prisionero es el clásico ejemplo de un juego estático, no cooperativo y de información completa. *Estático* porque es "jugado" solo una vez; *no cooperativo* porque no permite que las partes se pongan de acuerdo entre sí; y de *información completa* porque los jugadores conocen los *pay offs*. Sin embargo, hay juegos *dinámicos* (o secuenciales) que se repiten, *cooperativos*, porque hay incentivos para el acuerdo entre las partes, y de *información incompleta* porque los individuos frecuentemente no tienen conocimiento de los *pay offs* de los otros jugadores, esto es, no saben lo que los motiva.

En el derecho tributario, así como en el dilema del prisionero, los individuos son constantemente tentados a "desertar" (otra jerga de los juegos), puesto que los frenos morales al incumplimiento de las obligaciones tributarias son considerablemente más débiles que otras conductas más fuertemente regidas por la moral y por las costumbres. El fenómeno de "ser transportado en un vehículo sin pagar" (free rider) suele ocurrir entre los contribuyentes, sea por medio de la búsqueda de incentivos (mediante el *Rent Seeking* de los grupos

---

un año de condena para cada uno. Por otro lado, códigos de conducta fuertes (normas sociales, por lo tanto) también pueden influir significativamente en el dilema. Suponiendo que los prisioneros fuesen integrantes de una hermandad, por ejemplo, la mafia siciliana, probablemente no confesarían (la denominada "Ley del silencio u Omertà") por miedo a las represalias que recibirían de sus pares.

de presión), sea por la elisión tributaria, sea por la propia ilicitud de la evasión de tributos. Por esta razón, es necesario una buena estructura de incentivos normativos para poder inducir a los contribuyentes a cumplir con los objetivos del sistema jurídico tributario.

7.2. Otros juegos clásicos: caza del ciervo y el juego del cobarde

La posibilidad de preestablecer interacciones estratégicas por la teoría de los juegos es prácticamente infinita. Sin embargo, algunas situaciones alcanzaron el *status* de juegos clásicos, como el dilema del prisionero tratado líneas atrás.

Otro ejemplo de juego clásico es la "caza del ciervo". Este juego ilustra un dilema de confianza: los cazadores saben que, uniendo esfuerzos, conseguirán cazar un animal de gran porte –un ciervo–, sin embargo existe la tentación de desertar y aprovecharse del esfuerzo de otro. No obstante, los jugadores saben que, si desertan, lo máximo que conseguirán individualmente es cazar una liebre, esencialmente inferior a un ciervo, en términos de recursos. Siendo así, hay incentivos tanto para desertar como para cooperar, lo que resulta en dos equilibrios de Nash.

En muchas situaciones, la caza del ciervo es confundida con el dilema del prisionero. La diferencia fundamental entre ellos está en que, mientras que en este el mejor resultado que obtendré es si deserto y el otro no (y la recíproca es verdadera), considerando los *pay offs*, en aquel el mejor resultado será si ninguno de nosotros desertara.

Por lo tanto, solo cazaré al ciervo si el otro también cazara; si el otro no cooperara, mi última opción, en orden transitivo de preferencias racionales, será cazar al ciervo solo. Es también la elección más ineficiente, pues las chances de éxito serán considerablemente menores y el esfuerzo mucho mayor, por lo tanto un desperdicio de recursos.

La matriz de este juego es de la siguiente manera:

		Cazador 2	
		ciervo	liebre
Cazador 1	ciervo	5,5	1,2
	liebre	2,1	2,2

Figura 7. Cacería del ciervo.

Las alternativas y los respectivos *pay offs* demuestran que el juego es estático (jugado simultáneamente y sin que los jugadores sepan lo que el otro hará), de información completa (los *pay offs* son conocidos) y, principalmente, cooperativos: Hay incentivos para que los jugadores actúen con la finalidad de maximizar conjuntamente sus utilidades, dado que los *pay offs* señalan en esa dirección.

Por tanto, el cazador 1 tiene dos posibilidades: cazar solo la liebre o juntar fuerzas con el cazador 2 para cazar al ciervo (y, en vez de tener una liebre, tener medio ciervo). El jugador 1 debe valorar la acciones del jugador 2: si este cazara al ciervo, el jugador 1 puede aliarse con él (*pay offs* "5") o desertar (*pay offs* "2"). Por tanto, es racional cazar al ciervo. Sin embargo, si el cazador 2 decidiera cazar una liebre, el mejor resultado para el cazador 1 es también cazar otra liebre (*pay offs* "2").

Si vemos la matriz desde el punto de vista del jugador 2, el resultado será el mismo. Nótese que hay dos equilibrios de Nash (*pay offs* sombreados en la matriz): ambos cazarán individualmente una liebre (*pay offs* "2" para ambos) o si se unieran para matar al ciervo (pay offs "5" para ambos). Como los jugadores saben cuáles son sus ventajas, su búsqueda por la maximización los llevará a cooperar para obtener el resultado más eficiente, que es el óptimo de Pareto. Ambos saldrán beneficiados y nadie quedará en desventaja.

La caza del ciervo, como fue en primer lugar idealizada por uno de los grandes contractualistas sociales, Jean Jacques Rousseau, es la base para la fundación de las civilizaciones.

Si consideramos que no hay sociedad organizada sin tributación, la cooperación necesaria para el contrato social tiene como precio el cobro compulsorio de los tributos.

Otro juego clásico es el del "cobarde[64]". En este juego, dos jugadores precisan enfrentarse, y, en el supuesto que sus iniciativas fueran llevadas hasta las últimas consecuencias, el resultado será el peor posible, tanto para ambos como para la sociedad.

El ejemplo paradigmático es el desafío juvenil norteamericano, ilustrado en el film *Rebeldes sin causa (Rebel Without a Cause*, de 1995, protagonizado por el actor James Dean). En él, dos sujetos se enfrentan con el objetivo de demostrar bravura frente a otros miembros de su propio grupo social, mostrando, por tanto, la importancia de la reputación. El juego se da con ambos sujetos que dirigen automóviles, en una sola vía rodeada de barrancos; uno en dirección contraria al otro. Las alternativas son: 1) mantenerse en el trayecto, sin desistir, cuyo *pay offs* es mostrar la valentía a los espectadores; o 2) desviarse en dirección al barranco, cuyo *pay offs* es preservar la integridad física con el costo de mostrar la cobardía ante los presentes.

La matriz, con los *pay offs* colocados semánticamente en lugar de los numéricos, se visualiza a continuación:

		Jugador 2	
		desviar	avanzar
Jugador 1	desviar	Empatar, Empatar	Perder, Ganar
	avanzar	Ganar, Perder	Chocar, Chocar

Figura 8. Juego del cobarde.

Analizando la situación, si el jugador 2 desviara su vehículo, la elección maxificadora del jugador 1 será seguir de frente y

64 "Chicken", en inglés.

vencer el desafío. Por otro lado, si el jugador 2 siguiera directo, la elección racional del jugador 1 será desviar para poder salvarse. La recíproca es verdadera, conteniendo los mismos *pay offs*.

En este juego no cooperativo existen (como en la caza del ciervo) dos equilibrios de Nash. La cooperación (desviar) es poco incentivadora, dado que expresa cobardía de ambos. Mucho peor es la opción de impactarse, pues llevará al peor resultado posible socialmente: ambos resultarán seriamente heridos, o incluso muertos. Los dos equilibrios de Nash están en los extremos superior derecho e inferior izquierdo de la matriz, es decir, si uno de los pilotos desvía y el otro continúa, y viceversa. Si ambos desviaran sus vehículos, el resultado sería el mismo, pero, si ambos siguiesen de frente, la consecuencia será la peor posible desde el punto de vista del costo social: los dos resultarán gravemente heridos o incluso morirán.

La aplicación de este juego se da directamente en situaciones de conflicto[65]. Negociaciones en conflictos intersubjetivos envuelven invariablemente señalizaciones similares al juego del cobarde. Ambas partes quieren los mejores resultados posibles para sí, lo que implica amenazar (explícita o implícitamente), ceder, pactar, etc. Ejemplos clásicos son la carrera armamentista en la guerra fría y, mucho más específicamente, la crisis entre Cuba y los Estados Unidos, debido a los misiles instalados por la Unión Soviética en la referida isla caribeña, en 1962[66].

Transportando el juego hacia el derecho tributario, se vislumbran diversas aplicaciones, desde tratados internaciona-

65 La obra clásica sobre Teoría de los juegos y estrategia de negociaciones en conflicto, con énfasis en el contexto de la guerra fría, se denomina *"The Strategy of Conflict"* (Harvard University Press, 1981), de Thomas C. Shelling, ganador del Nobel de Economía en el año 2005.

66 Como el presidente americano John Kennedy no cedió en ningún momento, amenazando con medidas militares inmediatas, la Unión Sovietica acabó cediendo y retirando los misiles de la isla caribeña.

les hasta transacciones entre fisco y contribuyente. Tomándose este último, en transacciones previstas en ley, el Fisco siempre tiene la ventaja sobre el contribuyente. De la misma forma, como en la referida película norteamericana, en la cual el protagonista no consigue (aunque lo quiera) saltar del vehículo, dado que su vestimenta se encuentra enganchada a este (lo que demuestra, inadvertidamente, una bravura inédita). Las negociaciones entre la Hacienda y el contribuyente siempre benefician al primero.

Como el propio instituto de la transacción fiscal debe de estar estrictamente vinculado a la ley, el agente administrativo, representante del interés público, se encuentra restringido a pocas posibilidades. Los recursos públicos no son suyos, sino de la colectividad que representa, y, por tanto, su margen de negociación es limitada. Siendo así, el contribuyente no tiene muchas alternativas, salvo las que les son ofrecidas por el agente público: en lenguaje mundano, "tómalo o déjalo".

Por lo tanto, de forma semejante a un abogado que negocia con la parte adversa declarando que sus límites para acordar son solo los que su cliente autorizó, el agente público que entabla la negociación con el contribuyente se encuentra en una posición mucho más confortable. Tan solo puede ofrecer aquello que le es estrictamente permitido por la ley, y, si el contribuyente aceptara, será mucho mejor.

7.3. Juegos dinámicos

En situaciones reales, es más razonable la ocurrencia de juegos secuenciales o dinámicos, que se repiten muchas veces. A pesar que el dilema del prisionero estático sea considerado como un juego "no cooperativo", repetidas sesiones del dilema pueden generar cooperación, basado en el altruismo recíproco, en otras palabras, en la cooperación autointeresada o *tit for tat*, en la jerga de la teoría de los juegos. El *tit for tat* es, por tanto, la estrategia racional para los juegos infinitamente repetidos[67], en los cuales el jugador coopera si el otro jugador hubiera cooperado en el juego anterior, o deserta si el otro hubiera desertado. Como la punición por la deserción es ser víctima de la misma conducta en el próximo juego, el equilibrio acaba siendo la cooperación[68].

Sintetizando, si el jugador sabe que en una situación futura podrá depender del otro, tiene incentivos para colaborar con él – y no desertar. En esos casos, situaciones Óptimas de Pareto son probables, basadas en el interés a ser retribuido, así como con la señalización social de la reputación frente a los demás individuos.

¿Cómo se aplica eso al derecho tributario?

Las aplicaciones son las más diversas, desde la elusión fiscal y evasión fiscal, la guerra fiscal entre los entes federativos y la reforma tributaria.

En el caso de la elusión y evasión fiscal, el contribuyente espera disfrutar de los bienes públicos y bienes privados. Los bienes públicos serán brindados por el Estado a cambio del pago de tributos.

Los bienes privados serán disfrutados por medio de los rendimientos líquidos del contribuyente, esto es, después de la tributación.

En la lógica del dilema del prisionero, el autointerés racional incentiva al contribuyente a buscar, de forma lícita (elusión) o ilícita (evasión), ciertos medios para evitar la incidencia

67 Cf. Baird, Gertner e Picker, *Game Theory and the Law*, p. 316.

68 El *tit for tat* es considerado una heurística, conforme enseña Gerd Gigerenzer (*HEURISTICS AND THE LAW, HEURISTICS And THE LAW.* Cambridge: The MIT Press, 2006), es decir, una estrategia simple y adaptativa cuando la información es incompleta y la capacidad cognitiva limitada. Fue creada por Robert Axelrod (*The Evolution of Cooperation*, Basic Books, 2006) como una estrategia que será utilizada por las computadoras en los torneos de ajedrez (donde las posibles jugadas son infinitas, por lo tanto incalculables en su completitud, incluso por el más potente supercomputador). El *tit for tat* fue aplicado en un torneo en el año de 1979, habiendo obtenido la victoria sobre el oponente.

fiscal sobre su riqueza. El resultado óptimo[69] se daría cuando todos los contribuyentes cumpliesen con sus obligaciones tributarias, pues: 1) más bienes públicos serían producidos (seguridad, salud, educación, infraestructura, etc.); 2) la observancia general posibilitaría la disminución de la tributación *per cápita,* puesto que habría poca deserción y la recaudación aumentaría - sin que hubiese la necesidad, por lo menos, de aumentar tributos (teóricamente, sería posible la disminución de la carga tributaria).

Si el resultado no es eficiente en el criterio de Pareto (pues los contribuyentes, en un primer momento, resultarían perjudicados individualmente en pro del bien común), sería al menos eficiente en el criterio Kaldor Hicks, pues el beneficio social superaría en mucho al costo individual - y los contribuyentes tendrían un retorno superior, en bienes públicos, en relación a sus costos individuales. Este es el mejor de los mundos, algo que se asemejaría a una utopía ¿Por qué este escenario idílico no ocurre?. Porque los individuos (en regla) racionalmente buscan la situación que les traiga mejor recompensa, generando el equilibrio de Nash, que es inferior en términos de eficiencia, es decir, desertar.

En cuanto a la guerra fiscal, la ocurrencia es básicamente la misma. Si los entes federativos cooperasen entre sí, probablemente el resultado general sería mejor. Nuevamente, las tentaciones a la deserción ocurren -dados los incentivos provenientes de las recompensas- y el resultado es subóptimo: Estados y Municipios luchando entre sí para obtener más recursos a través de las concesiones o beneficios a los contribuyentes.

Finalmente, la cuestión (aparentemente sin solución) de la reforma tributarias es idéntica en su lógica. Una reforma que simplificase radicalmente la estructura tributaria, in-

69 Con la finalidad de simplificar, vamos a considerar que el Estado es eficiente en la gestión de los recursos públicos y que el desperdicio –para no mencionar los desvíos ilícitos de dinero público– es mínimo.

cluidas las competencias federales, estatales y municipales, eliminaría los beneficios fiscales y desestimularía la elusión y evasión fiscal. El resultado sería mucho mejor para todos, tanto para los entes federativos como para los contribuyentes. Aquellos probablemente incrementarían su recaudación (al menos en el mediano o largo plazo), mientras que estos tendrían menos costos de conformidad (esto es, los deberes instrumentales, en el léxico de Paulo de Barros Carvalho) y una carga tributaria menos elevada. Una vez más, el resultado es ineficiente, tanto que hasta hoy la reforma no ha salido del papel (o de los papeles, dadas las innumerables propuestas hasta hoy presentadas). Sin embargo, los entes federativos no admiten ninguna disminución, en su recaudación, así como ninguna aparente pérdida de poder en lo que se refiere al ejercicio de sus competencias legislativas – lo que incluye, naturalmente, la posibilidad de crear y aumentar tributos, y también de conceder beneficios.

Los contribuyentes, a su vez, especialmente los organizados en grupos de presión, representantes de sectores específicos de la economía, no pretenden perder beneficios fiscales que maximizan su utilidad, a pesar del costo de todos los demás contribuyentes que no tienen influencia sobre los hacedores de políticas públicas.

La cooperación podría ocurrir revirtiendo los resultados ineficientes típicos de los dilemas del prisionero simultáneos, mediante adecuados *pay offs*. En el caso de la evasión fiscal[70], por medio de normas jurídicas y sociales de Gobierno Corporativo (métodos transparentes, honestos, confiables, de dirigir una empresa) que fuercen a los contribuyentes a la observancia de las obligaciones tributarias (y para inversores reales y potenciales) en la sociedad.

70 En cuanto a la elisión, resulta más difícil generar incentivos para reducirla. Por ser, en tesis, lícitas, las normas sociales que desaprueban la evasión no funcionan aquí. Es claro que planeamientos tributarios más agresivos tienden a provocar respuestas también agresivas de las autoridades de Hacienda, ocasionando contingencias para las empresas que, a su vez, indican riesgo para inversores.

En la guerra fiscal, las medidas jurídicas (por ejemplo, las leyes de responsabilidad fiscal; acuerdos entre entes federativos, por medio de convenios y protocolos del Consejo de Hacienda -en las que las deserciones generan sanciones- y la aplicación de reglas constitucionales y legales por los tribunales) pueden también aumentar el precio de la deserción a los entes federativos, tornándolos prohibitivos.

Finalmente, la reforma tributaria es algo que difícilmente escapará de la trampa del dilema del prisionero. Aunque haya negociación entre los actores (y, consecuente información, lo que no hay en el dilema clásico), su ocurrencia es supuestamente única, llevada a cabo de una sola vez.

De ese modo, no habría la repetición del juego, imposibilitando el *tit for tat* entre los entes federativos. De allí el eterno impase al que asistimos hace casi dos décadas.

7.4. Forma extensiva

Los juegos dinámicos, también denominados como secuenciales o repetitivos, son representados gráficamente de manera extensiva[71]. De forma visualmente semejante al árbol decisorio, el árbol de la teoría de los juegos presenta las jugadas unas después de otras, con los respectivos *pay offs*. La razón de eso es que el jugador espera el movimiento del oponente para actuar, tal cual un juego de tablero.

Podemos demostrar la forma extensiva con los tratados comerciales entre países, donde se aplican barreras tarifarias como formas de proteccionismo a industrias locales, al mismo tiempo que se pretende que el otro país alcance su máximo mercado. El *tit for tat* opera por la repetición ínsita de las relaciones comerciales entre los países, así como por la posibilidad de revancha en forma de barreras tarifarias (esto es, tributos sobre la importación de determinados bienes)

71 Juegos estáticos también pueden ser representados en la forma extensiva, sin embargo la costumbre es representarlos en matrices.

reguladas por entidades internacionales, como la Organización Mundial del Comercio.

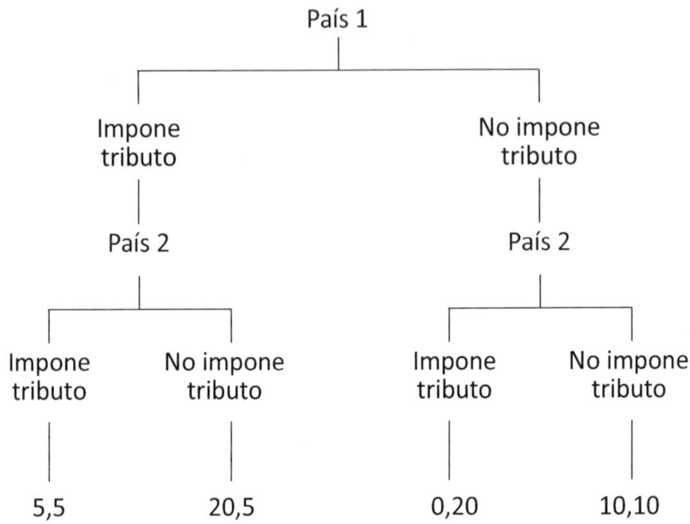

Figura 9. Forma extensiva de un juego dinámico.

En las formas extensivas se aplica la denominada inducción retroactiva, que significa leer el juego de fin a inicio. En el árbol de líneas atrás, se comienza por los *pay offs*, y los de la izquierda corresponden al "país 1" y los de la derecha, al país 2.

En ese juego dinámico, se observa por los menos *pay offs* donde el mejor resultado *individual* (*pay offs* de los centros, 20,0 y 0,20, respectivamente) es el del dilema del prisionero, donde un país tribute por los bienes producidos por el otro, es decir, ser proteccionista (desertar) y el otro, no – la recíproca es verdadera[72]. El resultado maximizador para ambos

72 Es importante destacar que, cuando digo "país", no me refiero a sus ciudadanos, sino a la negociación entre gobiernos, típicamente capturados, al menos en parte, por grupos de interés organizados. Siempre será mejor para ellos, como consumidores, el libre mercado, pues el equilibrio entre oferta y demanda característico de ese sistema posibilita que haya un excedente del consumidor. En otras palabras, precios más bajos que en mercados cerrados o monopolistas.

es que ninguno tribute (*pay offs* 10,10), mientras que el peor resultado es que ambos tributen (*pay offs* 5,5).

Si ese fuese un juego estático, como el dilema clásico, la racionalidad individual impondría la deserción de ambos jugadores, siendo este el equilibrio de Nash. Como se trata de un juego dinámico y repetido, donde uno observa la jugada del otro y las interacciones son reiteradas en el tiempo -cómo son las relaciones internacionales–, existe el incentivo para la cooperación, pues el comportamiento de uno de los dos países en el juego previo posibilitará la represalia del otro en el futuro, así como la cooperación en el juego previo creará el incentivo para el mismo comportamiento futuro. Además de eso, los juegos repetidos crean la reputación entre los jugadores, norma social de gran fuerza en la motivación en las interacciones estratégicas.

Consideraciones finales

Con este pequeño libro, quise introducir a los estudiosos del Derecho Tributario a la escuela y al método del Análisis Económico. La tributación es un campo de estudio complejo y extenso, y mientras más herramientas de análisis posea el operador del Derecho, más eficaces serán sus investigaciones jurídicas.

Para los lectores interesados en profundizar los conocimientos en el Análisis Económico del Derecho, algunos de estos links pueden ser muy útiles:

Asociación Latinoamericana Iberoamericana y economía: www.alacde.org

Asociación Brasileña de Derecho y Economía: www.adde.com.br

American Association of Law and Economic: http://www.amlecon.org

Instituto de Derecho y Economía de Rio grande do sul:www.iders

Capítulo 3

SANCIONES TRIBUTARIAS

Una visión estructuralista y funcionalista del Derecho

Introducción

Este trabajo se propone a presentar un análisis estructuralista y funcionalista de las sanciones tributarias, sin preocuparse con cuestiones que envuelven tributos específicos, delitos contra el orden tributario o incluso exámenes de constitucionalidad de leyes o actos normativos particulares. Centenares de páginas ya fueron escritas por los más ilustres juristas tomando en cuenta estos aspectos.

Nuestro objetivo es distinto: exponer al lector la naturaleza de la sanción jurídica, a partir del enfoque de su *estructura* y de su *función*, en el contexto propio en el que se inserta, es decir, el derecho tributario.

Por *estructuralismo*, entendemos las líneas de abordaje analítico del Derecho, de aspecto juspositivista, pero en términos epistemológicos (por lo tanto, no legalistas[73]). En otras palabras,

73 Cabe esclarecer la frecuente confusión, proveniente de aspecto jusnaturalista, entre legalismo y positivismo. Mientras que el primero (que posee origen chino, de cerca de tres siglos antes de Cristo, mientras que en el mundo occidental se considera que su nacimiento propiamente dicho surge en el pensamiento del filósofo inglés Jeremy Bentham, el siglo XVIII de nuestra era) se caracteriza como una forma normativa de pensar (como el derecho debe-ser), propugnando un cumplimiento más estricto a los comandos legales, el último se caracteriza como una forma de caracterizar el derecho tal cual es. En suma, el legalismo es una cuestión de naturaleza moral, que predica la obediencia a la

es la forma de analizar el fenómeno jurídico con énfasis en los aspectos lógico-sintácticos y semánticos, construyendo normas a partir de la hermenéutica de los textos jurídico-positivos, válidos en el sistema jurídico.

Por *funcionalismo*, entendemos las líneas de análisis del Derecho que buscan investigar el comportamiento humano frente a las normas jurídicas. En ese sentido, la influencia del campo interdisciplinario conocido como Derecho y Economía se hace presente, partiendo de axiomas de la teoría económica, especialmente de los conceptos de racionalidad instrumental y del análisis costo-beneficio, así como de la importancia que las normas jurídicas tienen para incentivar las conductas intersubjetivas. Considerando que la sanción es el componente de la norma que posiblemente más influye en la adopción de una decisión, tal abordaje se muestra especialmente útil para una completa investigación del Derecho.

En síntesis, el primer abordaje presenta la estructura del Derecho *como es él*. El segundo abordaje, por su parte, presenta para qué sirve el Derecho. Se destaca que tales líneas de ninguna forma son antagónicas, por el contrario, *son complementarias*.

Una visión solo estructuralista, de pura teoría de la norma, a pesar de ser muy potente y permita la (des)composición del fenómeno jurídico en todas sus categorías fundamentales (nor-

---

ley, restringiendo el margen de libertad en la interpretación del derecho, tanto por parte de los jueces, como por parte de los destinatarios de los comandos. El positivismo epistémico, por su parte, no hace tales juicios de valor, sino tan solamente presenta molduras normativas (estructuras y posibles interpretaciones). Ejemplo paradigmático de esa línea es Hans Kelsen, jusfilósofo austríaco del siglo pasado y creador de la Teoría Pura del Derecho, para quien corresponde al jurista tan solo presentar tales molduras, siendo la elección por una u otra norma, un acto político de decisión, externo a la ciencia jurídica. Como referencias bibliográficas de los autores supracitados, ver: *The Book of Lord Shang: A Classic of the Chinese School of Law*, de autoría del estadista chino Shang Yang (390-338 A.C.). New Jersey: Lawbook Exchange, 2003; BENTHAM, Jeremy. *The principles of morals and legislation*. New York: Prometeu Books, 1988; KELSEN, Hans. *Teoria pura do direito*. Traducción de João Baptista Machado. 2ª ed. São Paulo: Martins Fontes, 1996.

ma, hecho, relación y sistema), no se basta en sí misma, pues le carece la posibilidad de comprender la *función* del Derecho.

La visión estructuralista, por su parte, necesita de la visión funcionalista, pues no se puede olvidar del carácter de razón práctica[74] del Derecho. Siendo así, los derechos y deberes poseen razones y finalidades en el contexto de la acción humana, y la consecución de los más elevados valores jurídicos sólo se realiza cuando el Derecho es eficiente, esto es, cuando cumple las funciones para las cuales fue designado.

En el contexto jurídico, por lo tanto, el *estructuralismo* permite entrever la composición lógico-semántica de la sanción, *in casu*, la tributaria, mientras que el *funcionalismo* permite comprender cómo la sanción opera para incentivar el comportamiento del contribuyente.

1. Derecho y Sanción

La naturaleza del Derecho ha suscitado discusiones filosóficas desde la Antigüedad hasta los días actuales. Desde la justicia retributiva de la *lex talionis* babilónica (el "ojo por ojo, diente por diente", del Código de Hammurabi), pasando por las concepciones racionalistas equitativas de Aristóteles y su "derecho es razón libre de las pasiones" (Política, 1287, b), hasta las controversias jusnaturalistas y juspositivistas de los últimos dos siglos, podemos manifestar que el Derecho, como una creación humana, siempre tuvo un carácter regulador de comportamientos.

Por lo tanto, las investigaciones ontológicas y metafísicas sobre la esencia o naturaleza del Derecho nunca dejaron de re-

74 Se entiende "razón práctica" como distinta de la "razón pura". Ambas categorías se encuentran presentes en la filosofía de Kant. Mientras que esta última se refiere a las categorías puras del pensar, independientes de la experiencia, la primera es una teoría moral, esto es, de cómo los individuos deben actuar en un mundo donde las autonomías y libertades se chocan unas con las otras. Si consideráramos que el Derecho es una manifestación normativo-jurídica de principios morales, siendo estos traducidos como derechos y deberes correlativos, ejecutados por la fuerza coercitiva del Estado, se percibe su naturaleza de campo específico y autónomo de la razón práctica.

ferirse a aquella porción epistémicamente verificable que son, *grosso modo*, las leyes que rigen las conductas de los hombres. Sea el jusnaturalismo, que niega el *estatus* de Derecho a las leyes que contrarían su concepción de lo justo, sea el juspositivismo, que identifica el Derecho con la propia Ley positiva, el punto de partida del análisis acaba siempre siendo los ordenamientos normativos usualmente relacionados a las civilizaciones particulares que los instituyeron.

Como regulación del comportamiento humano, el Derecho funciona por medio de reglas impuestas a los individuos, invariablemente emanadas por algún tipo de autoridad central, sea ésta de carácter religioso o laico. Importa percibir que no hay orden que pueda ser eficientemente impuesto sin algún tipo de intimidación, simbólica o real. John Austin (2000, pp. 13-16), jurista inglés del siglo XIX, fundador de la Escuela de la Jurisprudencia Analítica y el primer juspositivista por excelencia, definió el Derecho de forma tan simple cuanto precisa y elegante: "comandos apoyados por amenazas estatales".

Otra forma, más usual, de referirse a la amenaza "estatal" es simplemente *sanción*. Así, sanción jurídica es la forma por la cual el Derecho incentiva a los individuos para que cumplan sus comandos.

Como veremos en tópicos subsiguientes, las sanciones no son solo fuertes motivadores de los comportamientos, sino la forma precipua por la cual el sistema jurídico mantiene su funcionalidad.

2. Reglas Dispositivas, Reglas Sancionadoras y su Estructura Lógica

Hans Kelsen, jurista austríaco y probablemente el positivista de derecho continental más célebre del siglo pasado, identificó el Derecho con la norma jurídica, dando tal importancia a las sanciones al punto de clasificarlas como "normas primarias". En ese sentido, el orden jurídico impone sus prescripciones inexorablemente ligándolas con las sanciones, puesto que de esta forma obtiene su naturaleza coercitiva, deteniendo el monopolio de la violencia, como definieron Marx y Engels (1998).

El Derecho busca regular comportamientos, puesto que busca la paz social, aunque por intermedio de la guerra (Jhering, 2004), esto es, compeliendo a los ciudadanos por la amenaza del uso de la fuerza, a través de su aparato estatal de coerción. Sin embargo, la regulación de las conductas se da por las reglas dispositivas, es decir, a través de los comandos que imponen determinados comportamientos a los individuos.

El derecho privado, por ejemplo, establece reglas fundamentadoras de las relaciones entre individuos, en lo que refiere al ejercicio de sus prerrogativas de contratar, legar, heredar, entre otras. El derecho público, por su parte, instituye normas que limitan la libertad individual, teniendo por norte siempre la presencia del Estado como sujeto de derecho en la relación jurídica con los ciudadanos. Sea como sea, esas reglas disponen la obligatoriedad, prohibición o permiso de determinados comportamientos, cuyo incumplimiento genera consecuencias jurídicas, que son las sanciones.

Es importante percibir que la estructura lógica de la regla dispositiva y de la regla sancionadora es condicional: si la conducta no fuera cumplida, entonces la consecuencia será la sanción. Sin embargo, esa estructura de la regla completa no puede ser confundida con la que integra la propia compostura de la regla dispositiva y de la regla sancionadora, también condicional. En otras palabras, una regla que determina una conducta, por ejemplo, una regla tributaria, es esencialmente condicional: si se prestara un servicio, debe ser la obligación de pagar el ISS; si se obtuviera renta, debe ser la obligación de pagar el IR; si se vendiera mercancía, debe ser la obligación.

Muy diferente es la condición de cumplir con la propia conducta impuesta, que una vez no satisfecha generará una punición, como forma *ex ante* de motivar la observancia de su destinatario. La condición, en el primer caso, es *intranormativa* (entre la hipótesis de incidencia y su consecuente); en el segundo caso, es *internormativa* (entre la regla dispositiva y la regla sancionadora).

La estructura lógica de esas reglas es así formalizada:

$$D\ [(p \rightarrow q)\ .\ (-\ q \rightarrow r)]$$

Traduciendo: la "D" significa deber-ser, es decir, el lenguaje normativo del Derecho, puesto que no se trata de una causalidad física, al que sería imputado una consecuencia jurídica. La propia previsión fáctica de la hipótesis de incidencia es un recorte jurídico de la realidad, y la implicación con el consecuente, por su parte, nada tiene de causal, sino de imputación, como enseña Kelsen (1996, p. 86)[75].

El criterio lógico de la hipótesis no es el verdadero/falso de la lógica aristotélica, sino el válido/invalido de la lógica deóntica; la "p" es la hipótesis de incidencia (v.g., prestar servicio); la flecha "→" significa la implicación lógico-condicional; la "q" es el consecuente de la regla dispositiva (pagar el impuesto sobre servicios). El "." es el conjuntor lógico que denota la inseparabilidad de la regla dispositiva y de la regla sancionadora; en la segunda regla, la "q", antecedido por el negador lógico "-" indica el incumplimiento de aquella conducta prescrita por la regla dispositiva (pagar el impuesto), cuya implicación "→" es la sanción "r". En lenguaje ordinario podríamos decir lo siguiente: *si* se prestara servicio, *debe ser* el deber de pagar el impuesto sobre servicios (regla dispositiva). Si no pagara el impuesto, *debe ser* la sanción jurídica (regla sancionadora).

75 Y, según Lourival Vilanova (1998, pp. 114-115), "la relación de condicionalidad que se expresa en la proposición jurídica, entre la proposición-hipótesis y la proposición-tesis (o entre la proposición-implicante y la proposición implicada) contiene un conectivo de conexión y sobre ese conectivo incide el modal deontológico: 'debe-ser que si el vendedor entrega la cosa vendida, entonces el comprador entrega el precio'. El modal incide sobre el conectivo 'si..., entonces' (→) – además de constituir la estructura interna de las proposiciones relacionales, donde un sujeto tiene derecho frente a otro sujeto que tiene un deber (...). En la proposición jurídica no se dice que la implicación es necesaria, efectiva o posible, sino que debe-ser".

Sin embargo, no siempre las reglas dispositivas se encuentran explícitas en el sistema jurídico. Hay segmentos del ordenamiento donde tales disposiciones son implícitas, como es el caso del derecho penal. Por ejemplo, el artículo 121 del Código Penal Brasileño, cuya locución "matar a alguien: Pena – reclusión, de seis a veinte años" denota una regla sancionadora, pues se refiere únicamente a la infracción por el cometimiento del ilícito penal. Sin embargo, se infiere lógicamente la prohibición de la conducta criminal, que así podría enunciarse: *está prohibido matar*. Nótese que la intención del legislador es cohibir la ocurrencia de comportamientos criminales, bastando, para ello, expresar las puniciones para ello, dado que es suficiente la abstención de la conducta indeseada por parte de los ciudadanos.

Sin embargo, otros segmentos del sistema exigen acciones efectivas de sus destinatarios, como es el caso del derecho tributario. El contribuyente necesita cumplir con toda una gama de deberes instrumentales, como, por ejemplo, la contabilización de sus actividades y la prestación de informaciones al fisco, además del pago, propiamente dicho, de los tributos. De allí la necesidad de explicitud de las reglas dispositivas tributarias, como una condición necesaria para que el individuo tenga conocimiento del "porqué", del "cómo" y del "cuánto" de sus obligaciones, y así pueda cumplirlas. Pero sólo se motivará realmente a obedecerlas si comprendiera las consecuencias sancionatorias de su incumplimiento.

Nótese que "sanción" es un término ambiguo, dado que puede denotar tanto la punición administrativa como la judicial. Por otro lado, las expresiones "regla primaria" y "regla secundaria" indican, respectivamente, la regla de carácter sustantivo y la regla de carácter adjetivo, esto es, la regla judicial. La primera es una norma material, mientras que la última es de naturaleza procesal.

La dualidad estructural de la regla jurídica, por su parte, también es ambigua: significa, de un lado, la estructura lógico-implicacional (principio de la homogeneidad sintáctica), por la cual toda regla posee un antecedente o descriptor, que califica como jurídico un hecho natural o social, y un consecuente o prescriptor, modulador deóntico de deberes y derechos subjetivos. Por otro lado, la dualidad significa también la proposición normativa completa, formada por la regla primaria y por la regla secundaria. El Derecho sólo puede existir, de forma eficaz, si el Estado estuviera apto a ejercer su monopolio de la fuerza, y lo hará desencadenado por el comando de las reglas secundarias, de carácter adjetivo (Kelsen, 1996). Como dice el viejo aforismo romano, *nullum ius sine action*.

El Derecho opera tanto por medio de sanciones materiales como por intermedio de sanciones aplicadas por el Estado-juez. Las multas contractuales o multas administrativas son ejemplos de la primera especie, mientras que las sanciones impuestas por el Poder Judicial, que implican una real pérdida de la libertad (física o patrimonial) del individuo, son ejemplos del último tipo. En los Estados democráticos de Derecho, suele ser una prerrogativa general de la judicatura la competencia de emanar normas que efectivamente obstaculizan la libertad del ciudadano, sea en su ir y venir, sea sustrayendo su patrimonio de modo que pueda satisfacer los derechos de sus acreedores.

La clasificación en normas primarias y normas secundarias –propuesta por Hans Kelsen en su obra póstuma *Teoria Geral das Normas*[76] y adoptada en nuestro país por juristas como Lourival Vilanova y Paulo de Barros Carvalho, entre otros– se refiere, respectivamente, a aquellas reglas de derecho material, que disponen ciertos comportamientos que serán obedecidos por los ciudadanos y a aquellas reglas que denotan la aplicación del aparato coercitivo del Estado, a través de la Judicatura, de modo que fuerza el cumplimiento de las conductas prescritas por el legislador.

Cuando la sanción es de naturaleza administrativa, se dice que la regla es *primaria sancionadora*, conforme la lección de

76 Donde Kelsen (1986, p. 181) reformula su anterior clasificación de las sanciones como normas primarias.

Eurico Marcos Diniz de Santi (1999, pp. 43-44), dado que le falta el carácter coercitivo de la regla secundaria. En el derecho tributario brasileño, tan solo esta última tiene el poder de realmente restar el patrimonio del particular, por la fuerza física del Estado (v.g. acción judicial de ejecución fiscal).

Tanto la regla primaria como la secundaria presentan igual estructura sintáctica (hipótesis y consecuente), pero diferente contenido semántico: la primaria tiene, en su hipótesis, un hecho lícito, prescribiendo, en su consecuente, una relación jurídica; la secundaria tiene, en su hipótesis, el hecho del incumplimiento de deber determinado en el consecuente de la regla primaria, y, en su consecuente, la relación jurídica en la que aparece como sujeto activo el mismo de la norma primaria, y como sujeto pasivo el Poder Judicial, a quién es postulado su poder de coerción.

En lenguaje simbólico, la proposición normativa completa se representa de la siguiente forma:

$$D\ [(p \rightarrow q)\ .\ (-q \rightarrow r)\ .\ (-q\ v\ -r) \rightarrow s)]$$

O, explicitando los antecedentes y consecuentes:

$$D\ \{[\ H \rightarrow R'\ (Sa\ ,\ Sp)]\ .\ [\ -R'\ (Sa,\ Sp) \rightarrow R''\ (Sa,\ Sp)]\ .\ [\ -R'\ (Sa,\ Sp)\ v\ -R''\ (Sa,\ Sp) \rightarrow R'''\ (Sa,\ Sj)]\}$$

La regla primaria dispositiva, la regla primaria sancionadora y la regla secundaria son representadas, respectivamente, por "r1ªd", "r1ªs" y "r2ª". El antecedente de la regla primaria sancionadora es el incumplimiento de la conducta impuesta al sujeto pasivo en la relación jurídica prescrita en el consecuente de la regla primaria dispositiva. El consecuente de la regla primaria sancionadora es una nueva relación jurídica, en la cual el sujeto pasivo debe prestar la obligación advenida de una penalidad administrativa.

Mientras que la regla secundaria tiene como antecedente el incumplimiento de la obligación impuesta al sujeto pasivo en el consecuente de la norma primaria dispositiva, el incumplimiento de la obligación impuesta en el consecuente de la norma primaria sancionadora, o el incumplimiento de ambas conductas (como indica el conectivo "v" – disyuntor incluyente). El consecuente de la regla secundaria implica una nueva relación jurídica, entre el sujeto activo de la(s) otra(s) relación(nes) y el Estado-Juez, que, por su parte, deberá citar al sujeto pasivo, ocasionando una relación triádica.

Llenando semánticamente los categoremas lógicos, tendremos: "*debe ser* que: *si* se prestara un servicio de cualquier naturaleza, *deberá ser* el deber de pagar el impuesto municipal sobre servicios; si no se pagara el impuesto, deberá ser el deber de pagar el impuesto aumentado de la multa administrativa; si no pagara ni el impuesto y/o la multa, podrá el sujeto activo ingresar con una acción judicial de ejecución fiscal, para que pueda obtener la tutela jurisdiccional, por la cual se establecerá una nueva relación jurídica, con el contribuyente como polo pasivo de la acción.

3. Sanciones Punitivas y Sanciones Premiales

La punición siempre fue el método tradicional empleado por el Derecho para motivar los comportamientos, desde los más remotos tiempos. Desde el siglo XIX hasta el inicio del siglo pasado, los sistemas jurídicos occidentales se limitaban a ejercer una función represora de conductas consideradas como indeseadas por la sociedad. Los países regidos por la idea del estado liberal clásico actuaban de modo que reprimían ilicitudes y se restringirán a garantizar el orden interno, a proteger el territorio de invasiones externas y dirimir conflictos entre los ciudadanos. Se trataba de una postura eminentemente calibradora del orden social, con el objetivo de mantener la paz social, relegando la mayor parte de los asuntos privados a quien les competía, a la propia sociedad civil.

Con el advenimiento del Estado social (*welfare state*) a mediados del siglo XX, los sistemas jurídicos pasaron a intervenir activamente en la esfera privada, ya no solo de modo represivo, sino también de modo inductor, teniendo en vista la promoción de agendas políticas de cuño redistributivo de riquezas. Además de ello, otros temas sobresalieron, envolviendo cuestiones de preocupación colectiva, como el medio-ambiente, derechos del consumidor, responsabilidad social de las empresas, bioética, entre otras. El Derecho pasaría entonces a incorporar una forma finalística, ya no solo manteniendo el *estatus quo* social, sino buscando promover cambios en el propio orden social. Nacía entonces el funcionalismo jurídico, por el cual el Derecho existe y se justifica en la medida en que sirva para la implementación de valores considerados como importantes y que reflejen anhelos de los miembros de la sociedad.

Las sanciones punitivas siguieron como forma primordial de motivación de las conductas intersubjetivas, pero pasó a ser extensivamente empleada otra forma extremadamente potente de incentivo comportamental: la sanción premial.

Como el propio nombre lo indica, se trata de un premio, de una recompensa ofrecida al individuo de modo que lo incentiva a escoger una determinada acción. El sistema jurídico pasa a contar con toda una gama de potentes estímulos para el cumplimiento de sus preceptos y la consecución de sus objetivos, tornándose una verdadera máquina de incentivos, sea por el uso de puniciones, sea por su función promocional, como refiere Bobbio (2008).

En términos lógicos, las reglas sancionadoras premiales no derivan de reglas dispositivas obligatorias o prohibitivas, como acontece con las sanciones punitivas, sino de facultades. Reglas que facultan conductas del ciudadano lo premian cuando éste opta por la acción positivamente valorada por el legislador. Su estructura lógica, por lo tanto, es de la siguiente forma:

$D [(p \rightarrow q \text{ w } -q) . (q \rightarrow r)]$

Donde, "D" es el deber-ser, "p" es la hipótesis de incidencia que tipifica una determinada conducta, "→" es el implicador, "q" y "-q" son las conductas facultativas (hacer o no hacer algo), cuya opción de realizarlas o no es representada por el disyuntor excluyente "w" (excluyente porque no hay posibilidad de que concomitantemente se actúe o no actúe, puesto que el legislador desea una determinada acción por parte del ciudadano, por lo tanto, o se opta o no por la conducta prescrita), "-q" es la opción por no realizar la conducta considerada deseada, y "r" es la sanción premial. De esta forma, si el individuo optara por cumplir con la conducta incentivada por el legislador ("q"), la consecuencia será el recibimiento de un premio ("r").

En el derecho tributario viene haciéndose cada vez más frecuente la utilización de sanciones premiales. Un ejemplo típico son los descuentos de multas vehiculados en autos de infracción, de modo que desincentiva al incoado a ejercer su derecho al contradictorio. Se enfatiza que el legislador pasa a comprender mejor la racionalidad de los individuos, instituyendo normas que estimulen más eficientemente los comportamientos en la dirección de los fines pretendidos.

4. Racionalidad, Tributo y Sanción

Se sabe, al menos desde Thomas Hobbes, David Hume y Adam Smith, que es ínsita a la racionalidad humana la búsqueda de la maximización de su propio bienestar. Los individuos, salvo en situaciones excepcionales, cuyas causas pueden variar desde el altruismo puro hasta patologías psíquicas, prefieren mejorar su condición de vida que empeorarla. En el supuesto contrario, la especie humana no habría transcurrido todo el proceso evolutivo y cultural que se originó en el periodo prehistórico y culminó en la civilización altamente compleja de la actualidad. Este es uno de los lados positivos del auto-interés racional, en aquello que Bernard de Mandeville denominó "vicios privados, beneficios públicos", pues la acción indistinta, espontánea y no dirigida por una autoridad central, de los individuos, generalmente ocasiona el bienestar de la colectividad. El pasaje clásico de la Riqueza de las Naciones, de Adam Smith (1989, p. 95), es tan verdadero como exhaustivamente citado:

> "No es de la bondad del hombre carnicero, del fabricante de cerveza o del panadero de quienes podemos esperar

nuestra cena, sino de la consideración del propio interés que ellos tienen. No apelamos a su humanidad, sino a su egoísmo, y nunca les hablamos de nuestras necesidades, sino de las ventajas de ellas".

Sin embargo, en determinadas situaciones de excepción (ni por eso poco frecuentes), el auto-interés individual es perjudicial a la sociedad.

Las civilizaciones se forman a partir de agrupaciones de individuos que comparten determinados valores e intereses: seguridad, bienestar, felicidad, realización. Los valores comunes funcionan como una forma de eslabón entre los diversos intereses privados. La forma de viabilizar la consecución de esos intereses se da por medio de renuncias mutuas de libertades individuales, en lo que se acordó denominar "contrato social".

Sin embargo, no es posible mantener una civilización sin recursos económicos, y estos provienen en su mayor parte de los tributos pagados por los ciudadanos. De allí la famosa frase de Oliver Wendell Holmes, juez de la Suprema Corte norteamericana: "tributos son lo que pagamos para vivir en una sociedad civilizada".

Considerando que el contrato social es una abstracción de la filosofía política que se refiere al pacto entre individuos, cuya renuncia parcial y mutua de sus libertades es en pro de una autoridad central protectora de la libertad de todos, se podría meditar que los ciudadanos pagarían gustosamente sus tributos, de forma totalmente voluntaria. ¡Ledo engaño!

Los tributos sirven, principalmente, para costear *bienes públicos*. Esta clase de bienes se caracteriza por dos notas relativas a su uso: *no rivalidad* y *no exclusividad*. Uso no-rival significa que la fruición de un bien por un individuo no impide el uso de los demás (v.g., mi uso de la iluminación pública no impide que otros la utilicen también, pues mi utilización no agota este bien). Uso no-excluyente significa que no es posible impedir la fruición de este bien por los individuos (v.g., para que yo usufructúe de la televisión abierta o de la radiodifusión, basta que yo tenga un aparato que capte la transmisión de sus ondas, no siendo posible impedir mi uso). No se debe confundir esta clasificación, oriunda de la ciencia económica, con la clásica dicotomía jurídica entre bienes públicos y privados, que toma en cuenta básicamente la titularidad del bien: el bien es público cuando pertenece al Estado, o es privado cuando pertenece al particular[77].

Justamente por estas características, los bienes públicos generan *externalidades positivas*, es decir, efectos que trascienden a las partes envueltas en una relación jurídico-económica, alcanzando a terceros. Son positivas por el hecho de que generan beneficios a individuos que no pagaron por el bien, produciendo entonces el denominado oportunismo o "efecto carona"[78]. Los bienes públicos son, en ese sentido económico, *fallas de mercado*, pues los agentes económicos privados no tienen incentivos suficientes para producir estos bienes, ya que es difícil cobrar por ellos (¿quién pagará?, ¿se puede usufructuar gratuitamente?). Sin embargo, son bienes importantes para la sociedad, pues generan beneficios para todos, correspondiendo proveerlos al Estado. Como derechos "cuestan", el gobierno necesita de recursos para proporcionar seguridad, educación, salud y otros bienes públicos a la sociedad. Estos recursos provienen, en su mayor parte, de los tributos pagados por los contribuyentes.

Por lo tanto, en ello reside la esencia compulsoria del tributo. Las externalidades positivas incentivan el oportunismo. En una sociedad, basada en transferencias voluntarias de recursos pri-

---

77 Se percibe la diferencia entre las clasificaciones económica y jurídica con el ejemplo del predio de una repartición pública. El edificio es un bien público en el sentido jurídico por pertenecer al Estado, sin embargo, es un bien privado en el sentido económico: su uso es rival, puesto que la utilización de sus dependencias físicas por unos impide el uso de otros, dada la capacidad limitada de espacio físico; y también es posible impedir la fruición de terceros, bastando para ello prohibir su entrada en el edificio.

78 Nota del Traductor.: *Pegar carona* es una expresión que se usa en Brasil para hacer referencia al transporte gratuito que una persona solicita para subir en el vehículo de un tercero y de esta forma aprovecharse de la situación. Adaptando a nuestro uso lingüístico podría ser traducido como aquella situación en la cual un sujeto pide a un tercero que le dé un aventón.

vados para la producción de bienes públicos, los individuos, en poco tiempo, dejarían de contribuir y pasarían a buscar "carona" en el costo acarreado por terceros, motivando a otros a seguir tal ejemplo, hasta el punto de inviabilizar el sistema.

En el argot de la *teoría de los juegos*, campo del conocimiento que aplica modelos matemáticos al comportamiento humano estratégico, tal deserción movida por la racionalidad auto-interesada es ilustrada por el clásico dilema del prisionero. En este juego, ocurre la siguiente situación:

Dos acusados de ser cómplices en un delito son mantenidos aislados por la policía, sin ninguna posibilidad de comunicarse. Al ser interrogados separadamente a los prisioneros se les ofrece las siguientes alternativas: 1) si ambos confesaran el delito, serán sentenciados a cinco años de prisión; 2) si ambos negaran el delito, serán sentenciados a un año de prisión (porque el oficial sólo conseguirá probar un delito de menor importancia); 3) si uno confesara y el otro negara, de acuerdo con el oficial, se dará la siguiente situación: aquel que hubiera confesado quedará libre y el que hubiera negado recibirá diez años de prisión.

El resultado que atiende a los postulados de la elección maximizadora individual acaba siendo una elección mala para el grupo. Ocurre que en gran medida de las situaciones de la vida cotidiana, actuamos estratégicamente, lo que no es más que actuar tomando en cuenta como los otros actuarán y reaccionarán a nuestra acción. En el dilema mostrado anteriormente, el juego es de información completa (los dos jugadores saben las recompensas -o sanciones- advenidas de sus elecciones) y simultáneo (solo es jugado una vez y, las elecciones ocurren sin que un jugador sepa la elección del otro, por lo tanto, no puede haber amenazas o reciprocidades entre ellos).

Por eso mismo, cada jugador actuará tomando en cuenta la posible elección del otro, siendo que las recompensas incentivan el oportunismo y desestimulan la cooperación, por la falta de confianza mutua suficiente. El mejor resultado para el grupo sería que ambos nieguen la autoría del delito, cuya recompensa es la menor pena. Pero, existe el recelo de hacer eso, dado que el otro puede confesar (para salir libre), aprovechándose (buscando carona) de aquel que niega la culpa, condenándose a éste a la pena máxima. Por tanto, la elección racional es que ambos confiesen, acarreando el peor resultado para el grupo (sin embargo no el peor resultado individual). Este resultado es el denominado *Equilibrio de Nash*, nombrado por cuenta del matemático homónimo, John Forbes Nash Jr., laureado con el Nobel de Economía, en 1994[79].

La tributación también genera una especie de dilema del prisionero, pues es tentador desertar de su cumplimiento y buscar carona en los contribuyentes cumplidores. Incluso con la tributación compulsoria, tales tentaciones permanecen, lo que se verifica en la ocurrencia de la elisión y de la evasión fiscal. De la misma forma que el equilibrio resultante del dilema, aunque sea ventajoso desde el punto de vista individual no pagar tributos, desde el punto de vista social es pésimo, pues la reducción de recursos al Estado perjudica la producción de bienes públicos.

Una de las consecuencias nefastas es la propia incrementación de la carga tributaria *per cápita*, redistribuyendo más tributos para los que pagan, para que se pueda mantener la recaudación. Esa redistribución, por su parte, implica un círculo vicioso, dado que cuanto mayor fuera la exacción, mayores serán los incentivos para la deserción de su cumplimiento.

La forma por la cual el Derecho puede intentar minimizar el problema es la asignación de las recompensas adecuadas (*pay offs*, en el argot de la teoría de los juegos) a las acciones de los contribuyentes, es decir, instituir las consecuencias eficientemente motivadoras de las conductas deseadas por el legislador: cumplir con las obligaciones tributarias, principales y accesorias. Las recompensas o consecuencias son las sanciones tributarias, punitivas o premiales.

---

79 Para un abordaje profundo de la teoría de los juegos aplicada al Derecho, ver BAIRD, Douglas G.; GERTNER, Robert H.; PICKER, Randal C. *Game theory and the law*. Cambridge: Harvard University Press, 1994.

La sanción tiene una importancia crucial para la tributación. Otros segmentos del sistema jurídico, como el derecho privado y el derecho penal, por ejemplo, son más influenciables, por la moral y por las normas sociales, que el sistema tributario. Los preceptos morales ancestrales, como "no matar" son arraigados en las más diversas culturas del planeta. Las reglas que tipifican y punen el homicidio parecen ser mucho más dirigidas a individuos con tendencias antisociales que al ciudadano medio. Por más que el artículo 121 del Código Penal fue abrogado de nuestro ordenamiento, ni por ello la tasa de homicidios aumentó exponencialmente, dado que la media de la población no posee ímpetus homicidas.

En el derecho privado, las normas sociales frecuentemente tienen una fuerza semejante o incluso mayor que las reglas formales del derecho positivo, principalmente cuando hay personalidad en las relaciones o cuando hay posibilidad de interacciones repetidas entre agentes económicos. En las relaciones obligacionales donde los sujetos ya poseen algún tipo de relación personal previa, o cuando hay posibilidades de que el comportamiento deshonesto genere represalia (o el comportamiento honesto genere reciprocidad) en futuros negocios, las normas sociales imperan[80].

La tributación, por su parte, no tiene los frenos morales que otros segmentos de la realidad social poseen. No tiene nada de extraño que algunos sujetos que llevan una vida reglada por preceptos morales evadan sus obligaciones tributarias en algún momento. En los sistemas de tributación opresiva, algunos autores incluso defienden la moralidad del incumplimiento de los tributos, como una forma de resistencia a la tiranía. La tributación tampoco tiene la reciprocidad de conductas en negocios repetidos, como en el derecho privado, dado que la obligación fiscal es *ex lege*, sin el carácter voluntario de las relaciones contractuales civiles.

---

80 Es la estrategia denominada *tit for tat* en la teoría de los juegos, que ocurre en interacciones repetidas. Si en una relación previa uno de los sujetos actuó de forma torpe, es muy probable que ya no consiga hacer negocios con la misma parte, o que ésta venga a actuar también de manera deshonesta como forma de venganza.

Resta, para dar funcionalidad a las obligaciones tributarias, reforzarlas con sanciones jurídicas que sirvan de incentivos efectivos para su cumplimiento, conforme veremos a continuación.

5. Cálculo Racional y la Eficacia de las Sanciones Tributarias

Cesare Beccaria, jurista y filósofo italiano del siglo XVIII, fue el pionero en la concepción de racionalidad al derecho penal, en su obra *Dei delitti e delle pene*, publicada en 1763, habiendo influenciado inclusive a otro jurista y filósofo de índole reformista, el inglés Jeremy Bentham. Para Beccaria, las penas no deberían sólo punir los ilícitos, sino que también deben servir como elementos de disuasión de las conductas criminales a todos los demás individuos, funcionando de forma prospectiva.

Esta línea de pensamiento antecedió a la moderna *teoría de la elección racional*, modelo paradigmático de la ciencia económica, de la teoría de la decisión y de la teoría de los juegos, en donde los individuos efectúan sus elecciones teniendo en vista las ventajas y desventajas relativas a las otras alternativas que se le presentan. Este cálculo pondera los costos y los beneficios de las opciones de elección del agente, mediante las informaciones de las cuales dispone y toma en cuenta los incentivos relativos a cada alternativa.

Lo que lleva a una opción u otra en la adopción de una decisión es justamente la relación costo-beneficio. La elección será racional si los beneficios superaran los costos, siendo que estos pueden ser costos de oportunidad[81], de transacción[82] o, los más

81 El *costo de oportunidad* es justamente el valor de aquello que se renuncia al escoger una alternativa. Si escojo cursar un postgrado en el exterior, tendré, por ejemplo, que renunciar a una serie de cosas: el salario que tengo en mi empleo, oportunidades de ascenso inmediato en la carrera, o tal vez incluso relaciones personales al ser perjudicadas por mi ausencia. Estos factores deberán componer el costo de oportunidad de mi elección en realizar el curso. Para que la decisión sea racional, el costo de oportunidad – el costo de la segunda mejor elección (second best) debe ser superado por el beneficio de la opción escogida.

82 El *costo de transacción* no hace referencia al costo de las mercaderías, bienes y servicios en sí mismos, sino a los costos de la propia transacción. Son costos que

comúnmente tomados en cuenta por los juristas, costos contables o financieros.

En el contexto del sistema jurídico, las sanciones son vistas como los precios que serán pagados por las conductas ilícitas. Por lo tanto, son los principales costos a ser procesados por el cálculo racional. Por ello, el sistema jurídico es, sobre todo, un sistema de precios normativos, siendo estos fijados por las sanciones.

Se destaca que las sanciones morales también ejercen un factor importante en el estímulo de las conductas moralmente virtuosas. La reprobación moral a veces tiene una fuerza incluso mayor que la punición formal del Derecho, como, por ejemplo, el adulterio en las sociedades más conservadoras (que, en Brasil, ya ni siquiera es delito, conforme al derecho penal positivo).

Uno de los costos más importantes a ser sopesados por el individuo son las sanciones, jurídicas o sociales, y entrarán en el cálculo costo-beneficio juntamente con otros costos, como el de oportunidad. Si la opción de incumplir con el deber moral o con el deber jurídico fuera más beneficiosa, y la sanción correspondiente fuera baja, o la probabilidad de ser encontrado incumpliéndolas fuera suficientemente reducida, muchos individuos actuarán deshonestamente (GINTIS, 2009, p. 73). En la tributación, las sanciones sociales son menos fuertes, quedando a las jurídicas la función de motivar eficazmente al contribuyente a obedecer sus obligaciones tributarias.

Las sanciones punitivas generales y abstractas son condición necesaria, pero no suficiente, para obtener la obediencia de los

---

deben ser evaluados, pues muchas veces pueden causar una fricción perjudicial a los cambios económicos. Si, por ejemplo, deseo comprar un automóvil y, en vez de adquirirlo por R$ 50.000,00 en una tienda, paso los próximos seis meses investigando el mercado para, finalmente, encontrar el mismo modelo por R$ 48.000,00, probablemente los costos de transacción (en el caso, los costos de búsqueda) me trajeron un perjuicio – aunque el valor contable del segundo coche sea menor que el del original. Perdí seis meses sin tener el automóvil, sin hablar del tiempo perdido que podría haber sido utilizado para otra actividad más productiva.

contribuyentes. La *efectiva aplicación* de esas sanciones es el elemento indispensable para que el contribuyente procese la punición como un efectivo precio al escoger la conducta que realizará y así pueda calcular sus acciones. Por lo tanto, la eficacia de las sanciones preserva también la seguridad jurídica.

Gary Becker, economista laureado con el Nobel (1992), aplicó las herramientas de la elección racional al fenómeno de la criminalidad. Los criminales, según este profesor de la Universidad de Chicago, actúan como cualquier otro individuo racional: sopesan costos y beneficios y reaccionan a incentivos. El criminal racional no le da mucha importancia a las *sanciones nominales*, pero sí a las sanciones esperadas. En otras palabras, no le importan las penas meramente previstas en la legislación, sino las que realmente son aplicadas, es decir, las que recorren el proceso de positivación (de la regla general y abstracta hacia la regla individual y concreta). El mismo raciocinio se aplica a cualquier otro ilícito, inclusive el tributario.

Para que se pueda obtener una eficiente disuasión de las conductas ilícitas, es necesario que se apliquen los incentivos ciertos, y estos se forman a partir de la combinatoria *sanción + aplicación de la sanción*. La ecuación de Becker es tan simple como brillante: EP = NP x Pp.

EP es la penalidad esperada (del inglés *expected penality*), NP es la penalidad nominal (*nominal penality*) y PP es la probabilidad para que la pena sea impuesta concretamente. Si el beneficio esperado en *no pagar tributos* superara el costo esperado de las sanciones tributarias, el contribuyente racional muy probablemente no cumplirá con la obligación tributaria. Si el costo esperado superara el beneficio, el contribuyente racional probablemente pagará el tributo debido.

Ejemplificando, si la multa administrativa máxima en tributos federales es 150% del tributo debido (en casos de dolo y fraude), pero la probabilidad de aplicación de esa sanción sea, digamos, 20%, la sanción esperada es 30% del valor del tributo.

Suponiendo que el montante a ser pagado (tributo + multa) sea R$ 100.000,00, este valor sufre descuento por la probabilidad de solo 20% de efectiva aplicación de la sanción, es decir, resulta solamente R$ 20.000,00. Eso no significa afirmar que el evasor recibirá una multa de veinte mil reales (R$ 20.000,00), pero sí que ése es el valor a ser tomado en cuenta por él en su cálculo costo-beneficio[83].

Nótese que el tiempo necesario para la efectiva ejecutabilidad de la sanción no fue tomado en consideración aquí, lo que ciertamente es un factor importante a ser calculado. Si ese mero 1/5 de la sanción nominal tomara, digamos, diez años para ser llevado a cabo, más barato se torna aún el cometimiento del acto ilícito. Tomando en cuenta el tiempo medio de un proceso administrativo, seguido de la posibilidad de contradictorio judicial (por medio de una acción declarativa, anulatoria o de embargos a la ejecución), las sanciones tributarias tienen baja efectividad en nuestro sistema jurídico.

Otras especies de sanción pasan a funcionar como elementos alternativos para la disuasión. Las denominadas "sanciones políticas", que incluyen registro de deudores, necesidad de certificado negativo de débito para diversas actividades de los contribuyentes, sellos y certificados de funcionamiento, emisión de documentos fiscales solo cuando las empresas estuvieran al día con el fisco e incluso aprehensiones y retenciones de bienes privados, pasan a funcionar como motivadores potentes para el cumplimiento de las obligaciones fiscales.

6. Sanciones Tributarias, Proporcionalidad y Confiscatoriedad

La proporcionalidad en las reglas jurídicas significa la adecuación de los medios a los fines. En otras palabras, los medios son las reglas jurídicas empleadas y los fines son los resultados

83 Se trata de un ejemplo solo ilustrativo. No se quiere afirmar que los criminales efectúen cálculos matemáticos y probabilísticos, sino que la racionalidad funciona, aunque sea intuitivamente, de esa forma.

que el legislador anhela, resultantes de las conductas de los individuos. Siendo así, si el legislador pretende, por ejemplo, obtener recaudación y cohibir la evasión fiscal, debe instituir una sanción que represente un mayor costo que cumplir con la obligación. Parece algo muy obvio, sin embargo, lo que también debe ser considerado es el *costo de oportunidad del contribuyente.*

El costo de oportunidad indicará cuál es la opción más ventajosa, y envuelve también el valor presente y el valor futuro de esas elecciones. En ese sentido, el contribuyente evaluará cuánto ganará ahora, si dejara para pagar el tributo más tarde, aprovechándose del tiempo ganado con el desarrollo del proceso administrativo y del proceso judicial. En ese sentido, no basta, como vimos en el tópico anterior, instituir una sanción nominal alta si la probabilidad de efectividad de la misma es baja. La proporcionalidad, desde el punto de vista del legislador, deberá considerar la sanción esperada y no sólo la sanción nominal.

De la misma forma, la sanción debe ser suficientemente discriminatoria, en el sentido de punir o premiar cuando debe, para que pueda motivar eficazmente la conducta. En otras palabras, el agente racional calculará su costo de oportunidad en el sentido de cumplir con la conducta sólo si la sanción representara una desventaja suficientemente convincente. En el mismo sentido, como previó Beccaria, si una punición idéntica es aplicada para dos diferentes infracciones, que afectan a la sociedad en distintos grados, nada impedirá a los hombres de que cometan el delito más grave si éste les trajera más ventajas.

En otras palabras, la sanción no debe ser tan grande que desmotive al contribuyente a seguir con sus actividades, en caso incurra en alguna infracción. Una multa impagable acaba siendo contraproducente para el propio Estado que la instituye, debido a la improbabilidad de su satisfacción por las condiciones patrimoniales del particular.

Por ello, las sanciones deben ser graduadas según las infracciones que les den origen. Luego, las infracciones del tipo formales, que deriven de la inobservancia de los deberes instrumentales, no deben ser desproporcionales al delito. En ese mismo sentido, las sanciones que deriven de ilícitos sin carácter subjetivo, deben ser menores que las previstas para las infracciones que contengan elementos de dolo, fraude o simulación. A pesar de la notoria dificultad en la institución de sanciones que sean simultáneamente eficientes y proporcionales, consideramos que se podría realizar a través de la utilidad marginal del contribuyente en cumplir con la obligación tributaria.

En lenguaje económico, la utilidad marginal es la medida de satisfacción que el consumidor tiene al adquirir una unidad a más de determinado bien (MANKIW, 2005, p. 462). Así, la regla sancionadora debe ser graduada de modo que mantenga, en la medida de lo posible, la utilidad del contribuyente en pagar el tributo, pues la alternativa (multa) debe serle más desventajosa. Por ejemplo, si la multa prevista para el no pago del tributo es baja, digamos, de 5% sobre el principal, la alternativa (no pagar) puede mostrarse más atractiva. Por otro lado, la multa exacerbada puede provocar un efecto nulo, puesto que el contribuyente no puede tener las condiciones para acarrearla. Una posibilidad sería la sanción progresiva –tomando en cuenta el valor del tributo, el tiempo de su incumplimiento o la gravedad de la infracción–.

En ese sentido, para que la proporcionalidad fuese realmente atendida, así como el principio de igualdad tributaria (tratar a los iguales de forma igual, a los contribuyentes que se encuentren en una situación semejante), las sanciones deberían ser instituidas a partir de un extenso y minucioso análisis de las áreas específicas de la actividad económica sobre las cuales el tributo incide. En sectores donde hubiera más margen de beneficio o más posibilidad de evasión, las sanciones podrían ser más elevadas que en aquellos donde el beneficio es menor o donde la ocurrencia de fraudes es reducida. La dificultad y el elevado costo legislativo –sin mencionar la posible abundancia de acciones judiciales postulando erróneamente la violación a la igualdad– acaban por impedir la institución de esas sanciones selectivas en el derecho positivo.

En la jurisprudencia, viene siendo común la discusión sobre la proporcionalidad de las sanciones, así como su posible carácter confiscatorio. El denominado "efecto de confisco", limitación constitucional al poder de tributar prevista en el artículo 150, IV, de la Carta Magna, es de difícil precisión, debido a la indeterminación del concepto de confiscatoriedad en la tributación. Usualmente aplicable a la graduación del tributo propiamente dicho, los tribunales vienen posicionándose con referencia al efecto de confiscatoriedad en las multas fiscales.

El Supremo Tribunal Federal, en el Recurso Especial n° 78.291 (23/10/1974), cuyo relator fue el gran tributarista brasileño Aliomar Baleeiro, mantuvo la decisión del tribunal *a quo* que redujo la multa de demora relativa a la contribución previsional, sin la ocurrencia de fraude, del 50% para un 20% sobre el valor de la obligación principal. En el RE n° 81.550, cuyo relator fue el Ministro Xavier Albuquerque, la multa de demora fue reducida de un 100% para un 30%, esta vez con referencia al impuesto sobre circulación de mercancías minero. En el RE n° 91.707, cuyo relator fue el Ministro Moreira Alves y nuevamente proveniente de ICM minero, el tribunal no conoció el recurso interpuesto por el Estado de Minas Gerais, manteniendo la multa moratoria reducida por el tribunal *a quo*.

En la acción directa de inconstitucionalidad, promovida por el Gobernador de Rio de Janeiro contra la Asamblea Legislativa del mismo estado, el STF declaró inconstitucionales los dispositivos del acto de las disposiciones constitucionales transitorias de la constitución fluminense, que estipulaban multas de en lo mínimo el doble del valor de la obligación principal (en el caso de infracción por el no pago), y de en lo mínimo cinco veces el valor del principal (en el caso de fraude). Por último, el STF reconoció la existencia de repercusión general en el RE n° 582.461, relativa a la base de cálculo "por dentro" en el ICMS paulista, así como a la aplicación de la tasa Selic y de la naturaleza confiscatoria de la multa.

Es interesante percibir que en todas las decisiones existe una mera estimativa intuitiva, un "*rule of thumb*", como dicen los norteamericanos, sobre el carácter confiscatorio o no de las multas. El juicio de razonabilidad empleado, de modo que evalúe la desproporcionalidad y la confiscatoriedad de las sanciones, no aplica ninguna forma de mensuración que evalúe, por ejemplo, criterios de utilidad o de costo de oportunidad, que podrían ser útiles para la creación de sanciones tanto justas como eficientes.

Conclusiones

No puede existir norma jurídica sin sanción, al punto que el propio concepto de Derecho contenga a la sanción como parte de su esencia. El Derecho funciona como un regulador de comportamientos humanos, con el objeto de alcanzar determinados fines, siendo estos concretizaciones de aquellos valores fundamentales sobre los cuales el sistema jurídico se erige.

La única forma por la cual es posible condicionar a los comportamientos es por medio de puniciones o premios, dado que estos son los principales incentivos procesados por el individuo racional. El derecho tributario es el segmento del sistema jurídico que más acarrea la tensión entre la necesidad de obtención de recursos para el mantenimiento del Estado y la preservación de la libertad económica individual, o, en otras palabras, el conflicto entre el interés público y el interés particular. La adecuada institución de sanciones jurídicas es una de las formas de aminorar ese conflicto, evitando el indeseado efecto carona de oportunistas en contribuyentes cumplidores.

Por lo tanto, la institución de sanciones debe tomar en cuenta su función por excelencia: motivar comportamientos, por medio de puniciones o recompensas, de forma que el Derecho alcance los fines que pretende. En el Derecho Tributario, la finalidad fundamental es tornar al Estado apto para que suministre bienes públicos que el mercado no tiene incentivos suficientes para producir, generando así, las externalidades positivas tan necesarias para la colectividad.

REFERENCIAS BIBLIOGRÁFICAS

ALEXY, Robert. *Teoría de los Derechos Fundamentales*. Madrid: Centro de estudios constitucionales, 1997. Trad. de Ernesto Garzón Valdés.

ARISTÓTELES. *Política*. Traducción de Mário da Gama Kury. 3ª ed., Brasília: Editora UNB, 1997.

ARISTÓTELES. *Ética a Nicômano*. São Paulo: Edipro, 2002. Traducão de Edson Bini

AUSTIN, John. *The Province of Jurisprudence Determined*. New York: Prometeu Books, 2000.

AXELROD, Robert. *The evolution of cooperation*. Cambridge: Basic Books, 1984.

BAIRD, Douglas G., GERTNER, Robert H., PICKER, Randal C. *Game Theory and the Law*. Cambridge: Harvard University Press, 1994.

BARROS CARVALHO, Paulo de. *Curso de direito tributário*. 22ª ed., São Paulo: Saraiva, 2010.

BECCARIA, Cesare. *On Crime and Punishment*. Traducción de David Young. Indianapolis: Hackett Publishing & Co, 1986.

BECKER, Gary. "The Economic Approach to Human Behavior" y "Crime and Punishment: an Economic Approach". *In The Economic Approach to Human Behavior*. The University of Chicago Press, 1978.

BENTHAM, Jeremy. *The Principles of Morals and Legislation*. New York: Prometeu Books, 1988.

BERTOLUCCI, Aldo. Uma contribuição ao estudo da incidência dos custos de conformidade às leis e disposições tributárias: um panorama mundial e pesquisa dos custos das companhias de capital aberto no Brasil. FEA, 2003.

BOBBIO, Norberto. *Da estrutura à função*. Barueri: Manole, 2007.

CALABRESI, Guido. "Some Thoughts on Risk Distribution and the Law of Torts" *Yale Law Journal*, Vol.70 (1961).

CALABRESI, Guido. *The Cost of Accidents. A legal and economic analysis.* Yale University Press, 1972.

CARVALHO, Paulo de Barros, *Curso de Direito Tributário*. São Paulo: Saraiva, 2007.

CARVALHO, Paulo de Barros. *Direito Tributário. Fundamentos jurídicos da incidência*. São Paulo: Saraiva, 2004.

COASE, Ronald. "The Problem of Social Cost". *Journal of Law and Economics*, n. 3, pp. 1-23, 1961

COOTER, Robert D., ULEN, Thomas. *Law and Economics.* New York: Addison Wesley, 1992.

DWORKIN, Ronald. *Taking Rights Seriously.* Cambridge: Harvard University Press, 1997.

HART, Herbert L. A. *O Conceito de Direito*. Lisboa: Calouste Gulbenkiam, 1986. Trad. A. Ribeiro Mendes.

GEORGAKOPOULOS, Nicholas L. *Principles and Methods of Law and Economics. Basic Tools for Normative Reasoning.* Cambridge: Cambridge Universty Press, 2005.

GIGERENZER, Gerd. Heuristics. In: ------; ENGEL, Christoph. Heuristics and the law. Cambridge: The MIT Press, 2006.

GINTIS, Herbert. *The bound of reason. Game theory and the unification of the behavioral sciences.* Princeton: Princeton University Press, 2009.

JHERING, Rudolph von. *A luta pelo Direito.* Traducción de João Vasconcellos. 23ª ed. São Paulo: Martins Fontes, 2004.

KAPLOW, Louis, SHAVELL, Steven. "Should legal rules favor the poor? Clarifying the role of legal rules and the income tax in redistributing income." *Journal of Legal Studies.* University of Chicago, 2000.

KELSEN, Hans. *Teoria geral das normas*. Traducción de José Florentino Duarte. Porto Alegre: Fabris, 1986.

_________. *Teoria pura do direito*. Traducción de João Baptista Machado. 2ª ed., São Paulo: Martins Fontes, 1996.

KRUGMAN, Paul, WELLS, Robin. *Introdução à Economia.* São Paulo: Campus, 2007. Traducão de Helga Hoffman.

MANKIW, N. Gregory. *Princípios de microeconomia.* Traducción de Allan Vidigal Hastings. 3ª ed., São Paulo: Thomson, 2005.

MARX, Karl. Engels, Friedrich. *O manifesto comunista*. Traducción de Alvaro Pina. São Paulo: Bomtempo, 1998.

PINDICK, Robert, S., RUBINFELD, Daniel L. *Microeconomia*. São Paulo: Prentice Hall, 2002.

Oxford Dictionary of Economics. Oxford: Offord University Press, 2007.

POSNER, Richard. *Economic Analysis of Law*. Wolters Kluwer Law & Business, 2007.

SANTI, Eurico Marcos Diniz de. *Lançamento tributário*. 2ª ed., São Paulo: Max Limonad, 1999.

SCHELLING, Thomas C. *The strategy of conflict*. Cambridge: Harvard University Press, 1980.

SMITH, Adam. *Inquérito sobre a natureza e as causas da riqueza das nações*. Traducción de Luís Cristóvão de Aguiar. 2ª ed. Lisboa: Fundação Calouste Gulbenkian, 1989. 2° v.

TORRES, Ricardo Lobo. *A idéia de liberdade no estado patrimonial e no estado fiscal*. Rio de Janeiro: Renovar, 1991.

VILANOVA, Lourival. *As estruturas lógicas e o sistema do direito positivo*. 2ª ed., São Paulo: Max Limonad, 1998.

WILLIAMSON, Oliver y MASTEN Scott E. (organizadores) *The Economics of Transaction Costs*. Northampton: Elgar Critical Writings Reader, 1999.

El análisis económico del derecho Tributario
de Cristiano Carvalho
se imprimió en la República Argentina en marzo de 2019

Made in the USA
Monee, IL
18 October 2026

66035461R00072